「生きる力」を育む 幼児のための

柳沢運動プログラム

基本編

松本短期大学教授
柳沢 秋孝

● はじめに
子どもたちの目に、もう一度輝きを!

　最近、幼稚園・保育園で、「どうも子どもたちのようすがおかしい」という声が聞かれます。では、何がおかしいのか。そのことを現場の保育士さんたちにうかがってみると、「朝から眠そうにあくびばかりしていて、積極的にあそぼうとしない」「精神的にイライラしているように見え、全体におちつきがない」など、以前では考えられなかった不可解な子どもたちが増えているようなのです。

　これらの現場の先生たちが肌で感じた「不可解さ」は、これまでは見られなかった現象だけに「どうしたらいいのかわからない」という戸惑いとなって、幼児教育の現場に重くのしかかってきているようです。

　そんななか、柳沢先生のプログラムを取り入れた園がいくつかありました。いずれも、現場の先生方の直観で、柳沢先生を訪ねてこられたケースですが、驚くような成果を上げているのです。

　最初は、落ち着きもなく、積極的にあそぶこともできなかった子どもたちが、半年、1年と「柳沢プログラム」を実践しているうちに、どんどん体を動かしてあそべるようになり、集中力が出て、思いやりの心が自然に育ち、仲間とコミュニケーションができる子どもに変わっていきました。

　これには、現場の先生たちもびっくりしています。

　長野県の諏訪湖のほとりにある下諏訪町では、全保育園で柳沢プログラムを実践しました。その子どもたちが小学校に入学したとき、小学校の先生方から「この学年は、何か特別なことをしたのですか」と尋ねられたそうですが、2年生・3年生でも、なかなか集中して話を聞けなかったり、落ち着きがなくそわそわしているのに対して、新入生の1年生は、入学したばかりにもかかわらず、整然としていて姿勢がよく、人の話を食い入るような集中力で聞く姿があるというのです。

園でも、以前なら整列することもできないほどバラバラだった子どもたちが、半年もたたないうちに「並ぶよ」と声をかけると、サッと並べるようになったり、防火訓練のとき消防署の方の難しいお話を最後まで集中して聞いていて列席の大人たちがびっくりするなど、見る間に変わっていく子どもたちの姿がありました。
　いっせいに庭に飛び出してあそぶ子どもたちの姿ももどってきました。
　ウサギのエサも、もう教えなくても年長さんが上手に包丁を使って草を切り、それを見て年中さんも自分から包丁を使えるようになりました。できない子にはできる子が教える。できない子も一生懸命に努力する。そんな「つながり」も芽生えてきました。
　「先生、がんばるって楽しいね」と子どもたちに言われたときには、先生のほうがびっくりして呆気にとられてしまったそうです　この変化はいったい、何なのでしょうか。
　よく、とろんとしてやる気のない表情を「サンマの腐った目」などと言いますが、「柳沢プログラム」で運動をしているとき、子どもたちの目は、水を得た魚のようにキラキラと輝いています。「子どもたちの目が輝いているとき、前頭葉が活発に動いているんですよ」と柳沢先生が解説してくれたことがあります。
　また、「子どもたちがテレビゲームに夢中になるのは、おもしろいからなんですよ。でも、自分の体を使って、自分の力であそぶおもしろさを覚えたら、絶対に外であそぶ方がおもしろいに決まっているんです」とおっしゃたことも忘れられません。
　私たち大人は、「危ないから」とか「迷惑をかけるから」といった理由から、子どもたちが体を使って自由にあそぶ機会を奪ってきてしまったようです。木登りも、鬼ごっこも、缶けりも、ゴム跳びも、川あそびも、雪合戦も、影踏みも、もうやっ

ている子を見かけなくなりました。その結果、子どもたちは「あそぶ力」を失い、「生きる力」を失い、とろんとした目の、いつもイライラした、疲れた子どもになってしまったのかもしれません。疲れて、生きる力を失った子どもたちに、いくら「しっかり集中しなさい」「人にやさしくしなさい」「勉強しなさい」と言ったところで無理なことです。

　集中しようと思ったら集中していられるからだ、きちんと座っていられるからだ、友だちを思いやれるからだを育ててあげることが、幼児期の子どもにとっていかに大切なことか、私たちは「柳沢プログラム」の実践を見ながら感じました。

　子どもは誰も、その小さなからだと頭のなかに、「生きる力」を秘めています。その力を引き出してあげられるかどうかは大人の責任なのではないでしょうか。

　2年間「柳沢プログラム」を実践した保育園の子どもたちに最後の授業をしたとき、柳沢先生は子どもたちにある質問をしてみたそうです。「テレビゲームよりお外であそぶのが好きな人、手をあげて」とたずねると「は〜い」と元気な返事が返ってきました。ほとんどの子どもが目を輝かせて、手をあげたそうです。このときほどうれしかったことはない、と先生は顔をくしゃくしゃにして喜んでいました。

　子どもが輝いているとき、大人の目もきっと輝いているのだろうと思います。子どもを考えることは未来を考えること、そして、今の私たちの生き方を見つめ直し、問い直すことなのではないでしょうか。

　「柳沢プログラム」で、まず自ら最初の一歩を歩み出してみましょう。

編　集　部

「生きる力」を育む 幼児のための「柳沢運動プログラム」―基本編― ● もくじ

● はじめに　子どもたちの目に、もう一度輝きを！………3

1 「柳沢運動プログラム」で子どもたちの「生きる力」を育てよう………9

子どもの心を知りたい…そして出会った脳科学………10
日本の子どもの脳が変わった。その原因はどこにある?!………11
テレビゲームではからだも心も育たない………13
どうしたら運動好きな子どもになるのだろう………14
みんなが運動好きになる「魔法のプログラム」をめざして………15
「柳沢運動プログラム」で子どもの脳が変わりはじめた………16
脳のつながりは8歳までに90％がつくられる………17
幼児期の全身運動が脳を育て心を育てる………18
昔は自然に身についた力、今は援助がなければ育たない………19
全身を使ってあそべるように動けるからだをつくってあげよう………20
できるようになるためには体系的に運動をすること………21
日常生活のなかでは身につかない協応運動………21
運動が好きな子どもに育てたい………23
最終目標は「みんなができる」こと………23
基本は跳躍・支持・懸垂運動………23
気がついたらできちゃった………24
できない子ほど輝きたい………25
正面から子どもの不安を受け止めよう………26

2 やってみよう！みんなができる魔法のプログラム………27

● 柳沢運動プログラム 見通し表………28
[基礎運動❶]　跳躍運動　●準備運動としても使える動物になりきったジャンプあそび………30
　　　　　　幼児のジャンプがドタバタ跳びなのはなぜ？………30

　　　　　　　　　大臀筋を使って糊づけジャンプ………30
　　　　　　　　　リズミカルなジャンプはなわ跳びの前段階………32
　　　　　　　　　模倣あそび、リトミック…いつもの運動に取り入れて………34

[基礎運動❷]　**支 持 運 動**　●跳び箱や鉄棒など、器械運動のベースになる力を育てよう………35
　　　　　　　　　現代っ子にもっとも足りない力………35
　　　　　　　　　赤ちゃんはハイハイで支持力を育てている………36
　　　　　　　　　ステップが上がるほど腕にかかる力が大きくなる………38
　　　　　　　　　「大きなカエルさん」ができると跳び箱はすぐ跳べる………40
　　　　　　　　　●基礎運動の指導のポイント………42

[基礎運動❸]　**懸 垂 運 動**　●握力と腕力を育て、鉄棒の基礎を身につける………44
　　　　　　　　　固定遊具であそぶ子が少なくなっている………44
　　　　　　　　　「よじ登る」「ぶら下がる」ことの意味………46
　　　　　　　　　子どもこそ「ぶら下がり」が大切………46

[器械運動❶]　**マ ッ ト 運 動**　●支持力と回転感覚を養い、年長での側転をめざす………47
　　　　　　　　　回転感覚を身につけるとジェットコースターも怖くない………47
　　　　　　　　　「ゆりかご」ができれば前転までもうひと息………48
　　　　　　　　　あごを開いて横回転。側転の感覚をつかもう………50
　　　　　　　　　支持力と回転感覚が身につくと無理なく側転ができる………52
　　　　　　　　　●器械運動に移る前に………54

[器械運動❷]　**な わ 跳 び**　●発育に合わせて指導すると、年長で短なわ跳びもできる………55
　　　　　　　　　なわ跳びの動作を分析すると………55
　　　　　　　　　初めてなわを見る子も…。まずは慣れることから始めよう………56
　　　　　　　　　なわに高さが出てくる。正確なジャンプで跳び越えよう………58
　　　　　　　　　ゲーム感覚で楽しみながら跳び越える運動のまとめ………60
　　　　　　　　　なわの動きをとらえてジャンプするステップへ………62
　　　　　　　　　長なわ跳びができるとあそびの世界が広がってくる………64
　　　　　　　　　短なわの前に長なわ大波跳び………66
　　　　　　　　　短なわ跳びはなわ跳びの総仕上げ………68
　　　　　　　　　●短なわ跳びの指導のポイント………70

[器械運動❸] 跳 び 箱 　●跳躍・支持運動の積み重ねで誰もが跳べるようになる………71
　　　　　　　跳び箱が跳べると生活にも大きな自信が出てくる………71
　　　　　　　年少・年中で基礎力をしっかり身につける………72
　　　　　　　床上のカエルができれば跳び箱が跳べる………74
　　　　　　　自然にできる開脚跳び越し………76
　　　　　　　●跳び箱の安全確保のために………78

[器械運動❹] 鉄　　棒 　●苦手意識が芽生える前に、逆上がりを身につけておく………79
　　　　　　　いろいろな力が必要な鉄棒運動………79
　　　　　　　まずは支持力と懸垂力を使った「すずめさん」………80
　　　　　　　逆さ感覚が身につくと鉄棒への怖さがなくなる………82
　　　　　　　鉄棒運動の基本は「逆上がり」より「足かけ振り上がり」………85
　　　　　　　●鉄棒運動の指導のポイント………86

3 [実践事例]
プログラムにひと工夫
子どもたちと一緒につくった運動あそび………87

●年少児　運動あそび見通し表………88
●年中児　運動あそび見通し表………90
●年長児　運動あそび見通し表………92
サイコロゲーム〈年少児〉………94
動物村の運動会〈年中児〉………97
冒険島であそぼう！〈年長児〉………101

●あとがき………108
●参考・引用文献………110

〈実践事例協力〉　長野県下諏訪町立下諏訪第二保育園
〈写　真　協　力〉　長野県望月町立望月保育園

「柳沢運動プログラム」で子どもたちの「生きる力」を育てよう

子どもの心を知りたい…
そして出会った脳科学

　私の専門は運動学です。ただ、子どもが好きで、25年間一貫して幼児期の子どもに関わってきました。子どもといっしょに活動して、次々に運動がうまくなっていく様子を近くで見ていると、子どもたちの瞳がいきいきと輝いてくるのがわかります。その輝きが忘れられず、大学の授業の合間をみては幼稚園へ行くようになりました。そうしているうちに、運動指導を行ってきた子どもたちの数は、4000人を超えるまでになっていました。

　幼稚園へ行きだしたきっかけは、当時、学会で誰も取り組んでいなかった幼児運動学の研究をやってみたい、ということでしたが、いくら運動を通して子どもに接してきても「からだが丈夫になっても…」「運動ができるようになっても…」という評価にとどまり、学会では「子どもは動くことが仕事であり本能なのだから、このようなテーマで研究しても」と、評価されたこともありました。

　この頃から、私は「何かがたりない」と考え始めました。心身とも健やかに成長するのが最も重要な子どもの発育だとすれば、私の研究には「心」の部分が抜けているのではないか。からだと精神のバランスがとれて、初めて健全な発育なのだ、と。

　そこで「心とは何なのだろう」「どこで機能しているのだろう」という単純な疑問から、脳科学に興味をもつようになりました。ちょうどその頃、長野県内で研究を続けておられた精神生理学者で医学博士の寺沢宏次氏、生理人類学者で脳システム論・脳ホルモンを専門とされている篠原菊紀氏と知り合い、お互いの専門を超えて、新しい

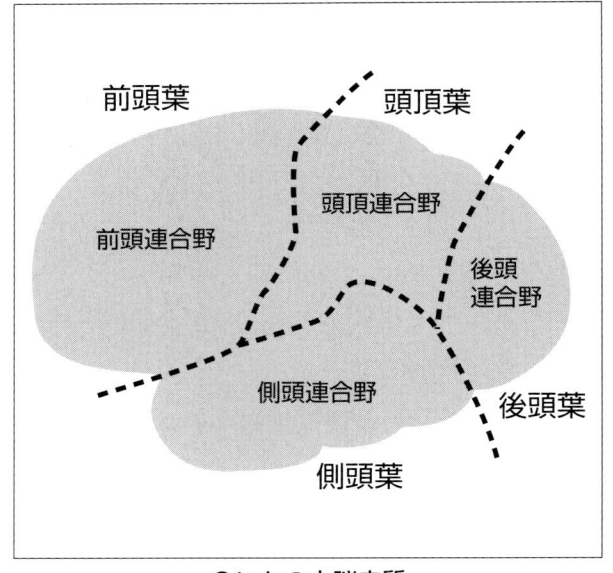

●ヒトの大脳皮質

分野の研究に取り組んでみようということになりました。テーマは「日本の子どもの前頭葉の発達の遅れを検証すること」でした。

　この一連の研究プロジェクトでわかってきたことは、現在、大きな社会問題にもなっている子どもの「キレる・荒れる・学級崩壊」などが、子どもの感情を司る前頭葉の発達の遅れから起きているということ。そして、前頭葉の発達に幼児のころの運動が大きく関わっているということです。

　30年前と比べて、子どもたちを取りまく環境は、大きく変化しています。無限の可能性をもっている子どもたちが、どうしたら現在の環境のなかで健やかに成長できるか。そのために大人たちに何ができるのか、今こそ真剣に向き合っていかなければなりません。

友だちと砂あそび。どろんこになっても、膝小僧をすりむいても、やっぱり外あそびは楽しい

日本の子どもの脳が変わった その原因はどこにある?!

　21世紀を迎えたいま、子どもたちは健やかに育っているのでしょうか。

　身体面では、肥満傾向の子どもが多く、高脂血症気味の子どもたちもだいぶ増えてきています。現在のような兆候は、1990年あたりから少しずつみられるようになりましたが、最近では、半数近くの子どもが高脂血症なのではないか、とさえ言われるようになってしまいました。

　精神面、つまり心の面でも、昔では考えられなかったような非常に怖ろしい少年犯罪が全国各地で起きています。犯罪や事件にいたらなくとも、無気力、引きこもり、落ち着きがない、ちょっとしたことでキレやすい、など、およそ昔の子どもの姿からは想像もつかない異常な子どもが増えています。

　どうして、このような状況になってしまったのでしょう。

　私たちは、この原因をつきとめるために、1998年と1999年に日本と中国で、3歳から15歳までの子ども各500名を対象に、大脳の活動を調べるためのGO/NO-GO実験を行いました。この結果を1969年のデータ、1979年のデータと比較することで、ひとつの事実が見えてきました。あきらかに、日本の子どもの前頭葉、大脳活動の発達に遅れが見られたのです。つまり、わかりやすく言えば子どもは69年と79年の10年間で幼稚化しているということになります。

　遅れが見られはじめた時期と、子どもを取りまく生活環境の変化とを併せてみると、どうも子どもたちが動的あそびから静的あそびに変わってい

った時期と、重なってくることがわかりました。

69年は、まだ子どもたちが積極的に外あそびをしていた時期です。その一方で、自動車の保有台数が増え、テレビも急速に普及しはじめます。79年になると、子どもたちは外であそべない環境になりました。家のなかに押し込められてしまったのです。

99年の中国は、日本のほぼ30年前と似たような環境でした。自動車も増え、テレビも増えてきてはいますが、まだまだ子どもたちは屋外で群れを作ってあそんでいる。そのときの中国の子どもたちの脳は、日本の30年前と似た状況を示していました。

外で、からだをいっぱい使ってあそびながら、子ども同士でコミュニケーションをとりながら、子どもたちは脳も発育させていたのではないか。からだを使った動的あそびが室内でのテレビ・テレビゲームに変わったことで、運動不足になり、コミュニケーションが減少し、キレたり荒れたりする要因にもつながっているのではないか。

私たちは、そんな仮説にいたりました。

70年代の後半から、ビデオやテレビゲームなどの、ただ座ってやるだけでも楽しいあそびが増え始めました。室内に押し込められた子どもたちは、からだを動かさずにテレビやテレビゲームに熱中します。

最近の子どもの一日当たりのテレビ（ビデオ・テレビゲーム）視聴時間は、平均4～5時間にもなっています。これを1年間通すと、学校で勉強する時間よりも長い。それだけ「メディアっ子」になってしまっているということです。20年前から見られた大脳活動の遅れは、このまま何もせずにいればどうなるでしょう。ほとんどの子どもたちが自分の気持ちを抑えられない思春期を迎える、そんな時代が本当に来てしまうのではないかという危惧をもってしまいます。

援助してくれる大人がいれば、子どもは運動好きになる

「虫さん、みっけ！」…自然は子どもにとって最高のあそび場

テレビゲームではからだも心も育たない

人間のからだは、動くことによって成長していきます。私たち大人でも、適度な運動によって健康を保つことができます。

では、人間がからだを動かすためには何が必要なのでしょうか。車はガソリンで動きますが、このガソリンに匹敵するのが、人間では栄養になります。口から食べた栄養をブドウ糖に変化させ、血液の中に流れているブドウ糖が筋肉を動かします。筋肉が動くことで、手足が動く。この組み合わせが運動です。

20歳以上の大人だと、これ以上は発育しないので、消費カロリーと同じ分だけの栄養をとっていればいいのですが、子どもの場合は成長します。ですから、大人以上に積極的にからだを動かすことが大切です。

幼稚園・保育園で子どもたちに「どんなあそびが好きですか」と聞いてみると、年長さんになるとテレビゲームがいちばんです。「からだを動かすのが好きな人」と聞いても、あまりいません。でも、私が運動指導をした園では、ほとんどの子どもが「からだを動かすのがいちばん好き」と言ってくれます。

からだを積極的に動かすことが、昔の子どもに比べて今の子どもたちにいちばん欠けている部分ではないでしょうか。ただし、子どもにただ「からだを動かしなさい」と言っても動きません。テレビゲームのほうがおもしろいにきまってます。問題は、どうやってからだを動かしてあそぶ楽しさを発見させていくか、です。今の環境のままでは、精神面でも身体面でも、子どもたちは自然に成長できなくなっています。

「手のマメは、じょうずになったっていう勲章なんだって」

どうしたら運動好きな子どもになるのだろう

　今から10年ほど前に、私は「運動嫌いの子を運動好きにする方法」について調査をしました。大人になると、からだを積極的に動かすのが好きか嫌いか、はっきりと2つに分かれると思います。どうして「好き・嫌い」ができるのか、それはいつごろなのか、ということを調べたのです。

　大学生300名にアンケート調査を行った結果、「からだを動かすことが好きだ」と答えたのは90人近く、約30％でした。「からだを動かすことが嫌いだ」「できたら動かしたくない」と答えた人が40％、「どちらでもない」「普通」という人が30％ほどいました。

　このなかで、好き・嫌いを明確に答えた70％について「明確にそう思ったのはいつごろか」と質問してみると、80％が「幼児期から低学年」と回答しました。好きになった理由は「人があまりできないむずかしい運動ができ、周りの人が誉めてくれた」とあり、嫌いになった理由は「人ができる運動ができずに、みじめな思いをした」「劣等感を抱いてしまった」などの答えがありました。具体的には鉄棒の逆上がりを挙げている人が目立ちました。

　小さいときにたくさん誉められると、脳のなかでセロトニンという幸福感を味わえるホルモンがたくさん分泌されます。達成して喜び、人に誉められる、という体験を通して、人はセロトニンを分泌する仕組みを脳の中に作り上げます。それは好き・嫌いを決定する「幼児期から低学年」の時期に作られるのです。

　ですから、この時期に、できるようになりたく

「年長さんの竹馬、カッコいい！」…子ども同士の刺激は大事

て努力したのに結局できなかった、という体験（鉄棒の逆上がりなど）をすると、このことをきっかけにからだを動かすことが嫌いになってしまう傾向があります。

　では、どうしたら運動好きにしてあげられるか。それは、幼児期に一般的な運動種目をみんながマスターできるように、大人が援助してあげることです。できなかったことができるようになった喜び…そういう達成感、満足感を味わって成長していけば、すべての子どもが運動に興味をもち、すべての子どもがからだを動かすことを好きになってくれるにちがいない。私は、そう確信しました。

できるから楽しい、楽しいからもっとできるようになる。渡り棒をぐいぐい渡っていく

みんなが運動好きになる「魔法のプログラム」をめざして

　私のプログラムの最終目標は「プログラムを実施したすべての子どもが、できるようになる」「できるようにしてあげる」ことです。そのために、運動は基本的な動きからはじめます。最終目標とする運動ができるようになるために、必要とする動きをあそびのなかから徐々に身につけていって、最後は「気がついたらその運動ができるようになっていた」というように、体系的に並べています。

　私は、1977年から幼児期の子どもたちにいろいろな運動種目を教えながら、どういう種目がいちばんいいかを見極めてきました。そのなかで、子ども一人ひとりの運動能力を伸ばすのに、最も効果のあった種目が、鉄棒の「逆上がり」、なわとびの「連続跳び」、跳び箱の「開脚跳び」、そしてマット運動の「側転」です。

　これらの種目は、ボールあそびや鬼ごっこなどと比較すると「できるか・できないか」がはっきりわかります。ボール投げは、上手い・下手はあっても誰でも投げられます。でも逆上がりなどは、誰が見ても「できるか・できないか」がわかる。できない子は、いくらやってもできません。

　こういう、誰が見ても「できるか・できないか」の運動種目を、幼児期の間に確実にできるようにしてあげること。このことで、子どもたちは自信

柳沢先生と目を輝かせて手あそびをする。運動を続けていくと、子どもたちに集中力や落ち着きが出てくる

を持ってどんどんからだを動かすようになります。自ら進んでからだを動かすことで、それなりの神経が、どんどん配列されて上手くなっていきます。

いちばんいけないことは、教え込むことです。今まで、子どもたちの運動については大人側からの押しつけのような形で、技術だけを求めるようなあそびをやっている所もあります。子どもが興味を持たなくても、その時間は体育教室の時間だからと、小中学校でやるような授業形態でやっていたりする。この方法は大きなまちがいです。すべての子どもが興味をもってやることがいちばん大事なことです。

この運動プログラムでは、一人でも興味を示さない内容であったならば、やり方をどんどん変えていくことが大事です。すべての子どもがやってみたくなる、魔法のようなプログラム、そんなプログラムをめざしています。

「柳沢運動プログラム」で子どもの脳が変わりはじめた

「日中子どもの体学術調査団」の調査から、運動不足とコミュニケーションの不足が子どもの大脳の発達の遅れに影響している、という結果が出た99年の5月ごろ、長野県下諏訪町の保育園長から「園児の情緒が不安定で、落ち着きがない」という相談がありました。私は「運動プログラムで子どもたちをあそばせてみてください」とお話しし、半年間、プログラムを試してみることになりました。

そして半年後…。子どもたちのようすが一変し、自信や落ち着きが見られるようになったという報告を受けたとき、私自身も驚いてしまいました。実際に研究保育などを見せてもらうと、子どもたちは元気よく、人の話も聞ける、落ち着いた集団

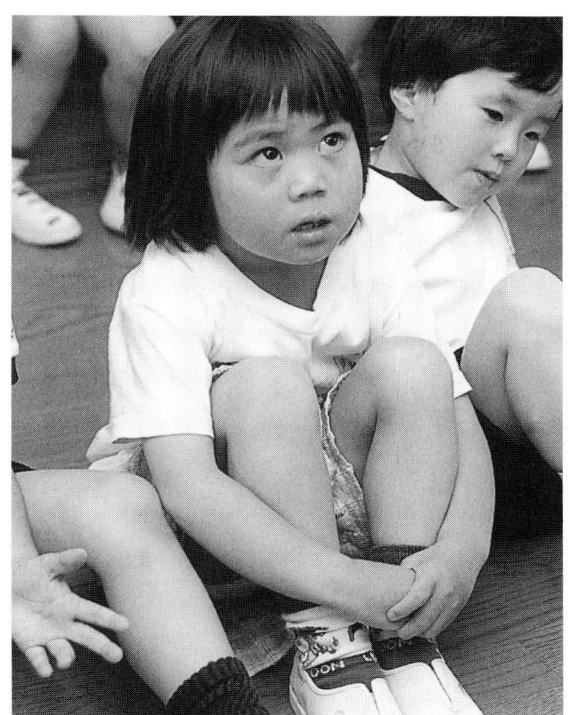

話し手をしっかり見て、真剣に話を聞く…大切なこと

になっていたのです。

　この変化を、科学的に検証してみよう、ということで、私たちの研究プロジェクトが調査をすることになりました。

　長野県内の公立保育園、下諏訪町の6つの保育園、望月町の4つの保育園などに協力をお願いして、私の運動プログラムを実施した子どもと、そうでない子どもで、どんな違いがあるかを調べることになったのです。

　それぞれの園に出向いて、2カ月に1回のペースで合計6回のプログラムをします。これを、10園で総勢835名に行いました。そして1年後にGO/NO-GO課題の前頭葉の働きを調べる実験と、アンケートによる聞き取り調査を行いました。

　すると、はっきりと結果が表れました。2つの調査のどちらにも、効果が現れたのです。GO/NO-GO課題では、握り間違いの数が明らかに少なく、またアンケートによる主観的な評価でも、注意力・抑制力が向上したことがわかりました。最近では、管理統制能力や注意・抑制・ワーキングメモリーといった分野が、他者を想定する能力（＝いわゆる心の発達）と相関しているという報告が増えてきました。

　もし、管理統制能力が心の発達と関係があるならば、私のプログラムは、我慢する力や抑制力を育てるというだけでなく、他人を思いやる心「セオリーオブマインド」を育てる方法としても有効かもしれません。

脳のつながりは8歳までに90％がつくられる

　脳の成長は、他の器官より早く、大人の脳を100としたとき、8歳で90％くらいに成長します。つまり8歳までに基本的な脳の仕組み、神経回路、どういうふうに世の中で生きていくか、という基本的な能力ができあがってしまうということです。

　ニューロンそのものはもっと早く、2歳で大人のレベルに近づきます。ここで大事なのは、神経細胞と神経細胞の接点（シナプス）が8歳ぐらい（特に5〜6歳）までの間に増え、その後は発育を終了すると言われています。シナプスは神経回路であり、情報を伝えるところですから、このシナプスが増えているときこそ、きちんとした教育をしなければなりません。この重要な期間は「臨界期」と呼ばれていて、この期間の環境は、生涯にわたって脳力に影響を及ぼします。

　アメリカの研究者のラットを使った実験では、環境によって脳の重さが違ってくるそうです。豊かな環境で育ったラットは、貧しい環境で育ったラットよりもずっと脳が重くなる。つまり、シ

ナプスが多くなって、神経細胞のネットワークが増えるということなのです。しかも臨界期まで貧しい環境におき、それ以後は標準環境で育てても、ラットの脳が重くなることはなかったそうです。

このことからも人間の場合、8歳ぐらいまでの脳の臨界期を逃してしまったら、取り返しのつかないことになるのです。

人間を育てるとき、いちばん大切な時期をあずかる幼児教育の指導者たちが、もっと社会的にも評価され、重要視されるべきであると、私は思っています。中国では、幼稚園の先生は大学の先生より、ずっと給料も高いと聞きましたが、人間形成の時期の重要性を考えれば当然のことではないでしょうか。

幼児期の全身運動が脳を育て心を育てる

幼児教育の現場では「脳」という言葉に一種の嫌悪感を持っておられるようです。「からだを動かすことが好きな子どもになってもらいたいだけなのです」とおっしゃる保育士の声も、よく理解できます。

しかし、ここで覚えておいてほしいのは、「あそぶこと」「からだを動かすこと」も脳がしているということです。

高齢者のボケ予防に指先を使った運動がいいと言われますが、これは指先のコントロールを脳が行っていて、指を動かすことが脳への刺激となるからです。

意外と知られていませんが、大腿筋(太股)、大臀筋(おしり)、背筋(からだを支える背中の筋肉)などの大きい筋肉を動かすときも、脳はとてもよく活動しています。細かい運動より多くの脳が

これだけからだが利けば、「危ない!」なんて心配もいらない

いっせいに強く動きます。全身を使った運動の後で、計算力テストをやると成績がよくなるという報告もあります。

人間のからだには、209個の骨があり、528の筋肉があります。そして当然、528の筋肉のなかには神経が通っています。脳の中の前頭葉の奥にある運動野で、これらをつなぎ、組み合わせながら、複雑な仕組みを組み立てていきます。からだから脳への刺激量が多ければ多いほど、脳は活性化され、動きのいいからだができあがっていきます。

また、このとき、全身運動で前頭葉の運動野を刺激することで、同じ前頭葉の前方にある46野という感情をコントロールする部分も活性化され、人間らしい脳形成が行われることが、私たちの研究からわかってきました。

私は、脳の発達からみても、幼児期から小学校

昔は、あそびといえば外あそびだった。1950年代の保育所の風景

低学年までの脳の臨界期に、たっぷりと、楽しく運動をして、勉強に耐えられる身体環境を整えてあげることが重要であると考えています。

昔は自然に身についた力、今は援助がなければ育たない

　人間の知性や人間性、人格などは、どこが作用しているのでしょうか。

　ひと昔前までは、はっきりとわかっていませんでしたが、最近の研究で大脳の前頭葉であるということがわかってきました。人間は、動物のなかでも極端に前頭葉が発達しています。この前頭葉が人間らしさの中心であるとも考えられます。

　人はまた、生まれたまま放っておいても大人になることはできません。歩くまでに1年もかかり、自分の力で生きていけるようになるまでに、長い時間と家族や周囲の支え、教育が必要です。育児や教育は、人が人間になるために非常に大事なことなのです。

　30年前の日本の環境では、子どもたちは自然な遊びの中から、大人が関与しなくても育っていきました。子ども同志の群れあそびのなかで、自然に育ってきたのです。しかし、子どもが積極的にからだを動かしてあそぶことも、群れあそびも少なくなった現在の日本の環境のなかでは、子どもたちを放っておいても特に「身体運動的知性」や「社会的知性」「感情的知性」は身につけられないのではないでしょうか。

　昔はあって、今はない環境とは何か。それを考えながら子どもたちを援助していくことで、失われかけた「知性」が身につけられるのではないか、

と私は考えています。極端にいえば、私のプログラムは、いま、子どもたちのあそびのなかで足りない部分を積極的に取り入れて、知性を育てていく一つの方法でもあるのです。

全身を使ってあそべるように動けるからだをつくってあげよう

運動学の調枝孝治氏は、あそびの定義を二つに位置づけています。一つは、「既成秩序の最適破壊、つまり失敗の文化」、もう一つは「新たに獲得された定型要素のいろいろな楽しい変形体」であると。

既成秩序というのは、鉄棒だったら逆上がりができる、とか、なわ跳びだったら連続して跳べる、という動きです。これは大人から与えられる安定形です。でも、子どもたちは成長していく過程で周りの動きを模倣していきます。そういう動きに対してなわ跳びが連続で跳べるようになると、その跳べたことによって、跳べたものを基本に「破壊・揺らぎ・変形」といった変形活動をして、不安定型にして楽しみます。既知系上の自由な試みが、ここで生まれてきます。これによって行動を「楽しむ」「行動する」「選択する」自由が非常に大きくなります。つまり、全身を使って跳びまわる、ということに展開していく、最も基本的なものではないかと思います。ある程度、動けるからだでないと、積極的にからだを使ってあそびこむことはできない、ということです。

運動保育で見逃してはならない点は、既成の運動パターンが子どもに身についているかどうか、いろいろな運動ができる子どもがいるかどうか、そして変形活動を試しているかどうか、という点です。

ある運動ができなければ、それを楽しむことは

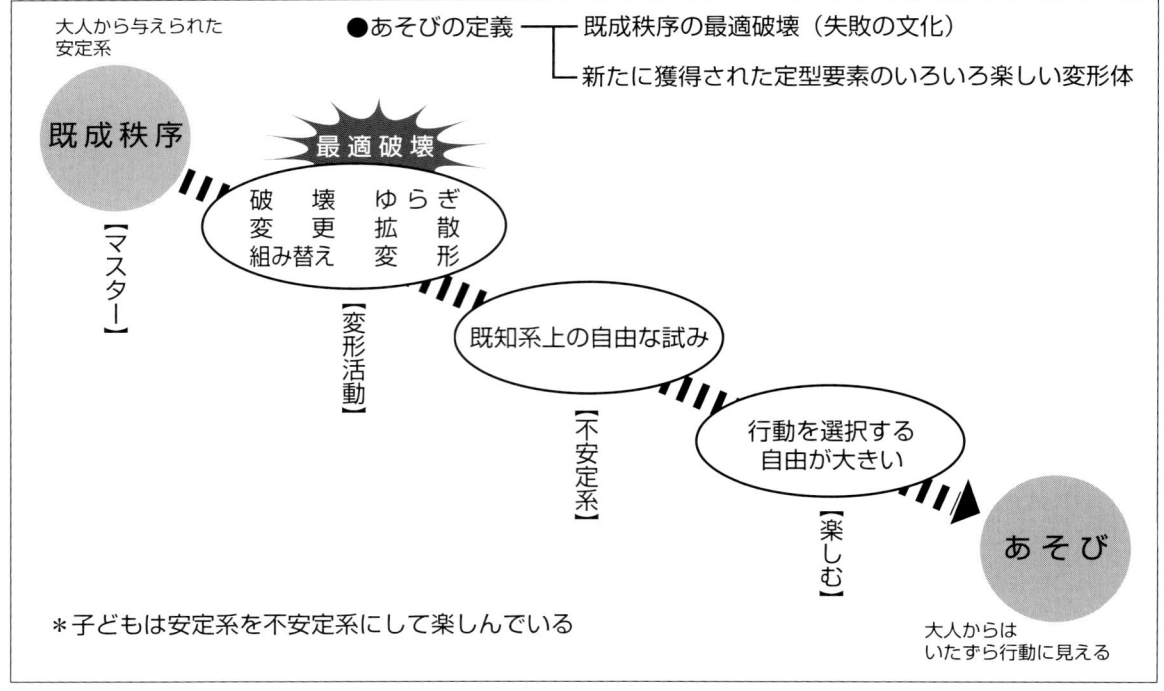

●多様性と複雑性の発現機構　04) 調枝孝治：体育の科学：体育の科学社，1985

できません。運動保育として取り上げられる運動は、とても多様化しているのですが、いろいろな運動の前段階やその後の応用などの段階を踏んだ指導については、非常に未熟なレベルに停滞しています。このような状況では、あそべない子どもや、あそびたくてもからだを積極的に動かすことができない子どもになってしまいます。

これが、現在の子どもたちに起きている問題の背景だと思います。やっぱり、小さいうちから、ある程度の動きができるようなからだにしてあげるような援助法が必要なのです。

できるようになるためには体系的に運動をすること

現在の保育現場で多いのは、鉄棒の逆上がりやなわ跳びの連続跳びなどの最終目標である運動を、いきなり子どもたちにやらせるやり方です。これでは、できる子はできるが、できない子はまるっきりできません。

でも私は、いろいろな運動経験が深まって、複雑になって、より高度な運動ができるようになるという縦への広がりが大切だと考えています。この運動の深化ということが、私が行っている「鉄棒の逆上がりはどうしたらできるか」ということなのです。

たとえばなわ跳び。なわ跳びはどうしたら跳べるようになるのでしょうか。なわ跳びの基本は、まず「両足をそろえる」という能力、「足をそろえたまま、上に跳ぶ」という能力、「動いてくるなわを目で見てタイミングよく跳ぶ」という能力、そして最後に「自分の腕でなわを回す」という4つの能力の組み合わせです。この4つの能力が身についてはじめて「短なわ跳びの連続跳び」ができ

基礎的な運動の力があれば、こんなこととしても「へっちゃら！」

るようになるのです。

このことを考えて、長なわと短なわは、どちらから子どもに提示していけばいいでしょう。今現場では、先に短なわをやらせている方が多く見られます。でも、運動学的に考えると長なわより短なわの方が難しいのです。長なわは3つの能力でできますが、短なわは4つの能力が必要になります。私は、3つの能力をしっかりと身につけてから、自分の腕で回しながら跳ぶ短なわに入るべきだと考えています。長なわがしっかりと跳べるようになれば、短なわも必ず跳べるようになります。

運動保育を行うときには、運動を体系的にとらえて、秩序だって援助していくことが大事です。

日常生活のなかでは身につかない協応運動

運動行動は「反射運動」「基本運動」「協応運動」「熟練運動」という4段階に分かれています。「つ

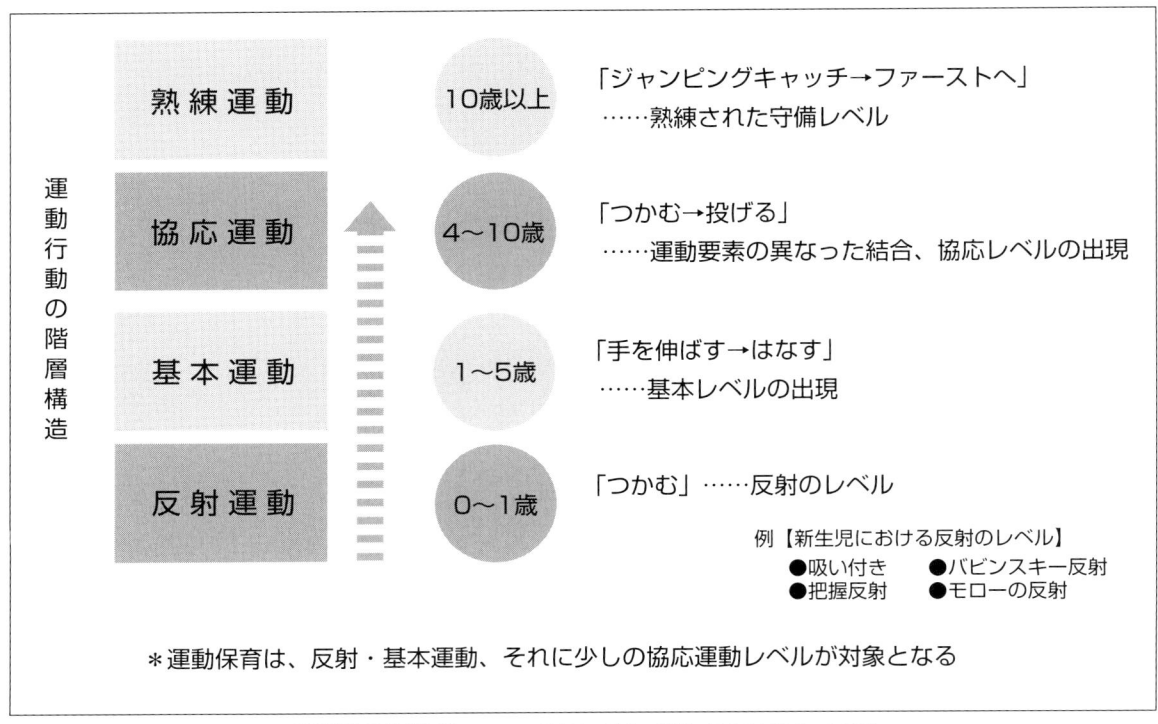

●運動の複雑性　04）調枝孝治：体育の科学：体育の科学社．1985

かむ」というのは0〜1歳で出現する反射運動です。それが1〜4歳になると、「手を伸ばす・つかむ・離す」という基本運動に発展します。ここまでは、日常生活の中で自然に身につく運動です。3段階目の協応運動は、「つかむ・投げる」という要素の異なる運動の組み合わせです。つまり、2つ以上の筋肉を使う運動だということです。ここからは、トレーニングや回数を重ねることが重要になってきます。

協応運動は「非日常的な動き」です。たとえば「逆さ感覚」。頭が上にあるのでなく、足が上で頭が下にくることは、日常生活ではありません。こうした非日常的な動きを幼児期の間にたくさん経験することが、子どもたちのいろんな機能を伸ばす上でいちばん大事なことです。

逆さになった経験もない子どもの足を支えて、逆上がりの援助をしてあげても、逆さになったとたんに手を離して、鉄棒から落ちてしまいます。先生に「なんで手を離すのか」と叱られても、逆さになった経験がないのですから、手を離してしまうのは当然です。

逆上がりができるようになるためには、逆さ感覚、腕を引きつける懸垂力、ぐるっと回る回転力、ひじを張ってからだを支える支持力、という4つの能力が必要です。この4つが身につけば、誰でも逆上がりはできます。最初は「ブタさんの丸焼き」などの簡単なあそびから入って、徐々に必要な能力を身につけていく。私のプログラムでは、子どもたちが単純なあそびを繰り返して行うなかで育つ能力を、段階的につなげて、最終段階に結びつけられるように組み立てています。

運動が好きな子どもに育てたい

大きな木があれば登ってみたいと思う。友だちが集まったら鬼ごっこや石蹴りをしたくなる。小さな川は飛び越えてみたい。30年前の子どもたちだったら、だれもが自然にそんな外あそびをしていました。擦り傷や切り傷はいっぱいだったけど、泣いたり、笑ったり、けんかしたり、助け合ったり……あそびの体験のなかで、子どもたちは子どもたち自身で世界をつくり、互いに成長していきました。

現在の日本では、あまりにも子どもが自由にあそべる外の世界が少なくなってしまいました。子どもたちは、家のなかに閉じこもり、安全なテレビゲームであそびます。

でも、そんな環境の変化は子どもたちのからだから「運動の能力」を失わせ、脳の生きる力をも奪っているようです。運動の喜びをからだで体験したことのない子どもたちは、運動が苦手になり、やがて運動嫌いになっていきます。

「できなかったことができた」という体験を、みんなが味わっていれば、もっとからだを動かすことが好きになるはずです。私のプログラムは、そんな当たり前の運動体験を、幼児期の脳もからだもいちばん育つ時期に、全員に体験させてあげたいという思いが基本になっています。

最終目標は「みんなができる」こと

私のプログラムは、誰が見ても「できたか」「できないか」がはっきりわかる運動を選び、それを全員ができるようになることを最終目標にしています。

私の25年間の経験のなかから、マット運動の側転、なわ跳びの短なわ連続跳び、跳び箱の開脚跳び、鉄棒の逆上がりの4つを選びました。

これらの運動ができるようになるための基本的な動きは、30年前であれば子どもたちは外あそびや毎日の暮らしのなかで自然に身につけられていました。畳の上での立ったり座ったりも、腕の支持力を使います。ぞうきんがけも支持力が育ちます。ケンパーやゴム跳びは、跳躍力が身につきます。木登りができるようになるには懸垂力が必要です。

便利になったために、また、外であそぶことができなくなったために、子どものからだに本来、身につくべき基本的な運動能力が、極端に低くなってしまっています。だから、突然、「逆上がりをやってみよう」と言っても、できるわけがないのです。

私のプログラムでは、この基本的な運動能力を、子どもたちがやってみたくなるような楽しいあそびをとおして身につけていくことから始めていきます。

基本は跳躍・支持・懸垂運動

私は3歳までを脚力発達期ととらえています。立って、歩いて、走るという力をしっかりと身につける時期です。そして3歳ないしは4歳から6歳ぐらいまでは、胸郭発達期ととらえます。胸郭というのはおへそから上の部分の胸をとりまく部分です。いまは、この腕を使う動きが、生活のなかからとても少なくなっていることもあって、腕を使う動きと足を使う動きのバランスがとれていない子どもたちがたくさん育っているように思います。ですから私のプログラムでは、この腕を使

う動きをたっぷりと採り入れているのも特徴です。

目標にした4つの運動ができるようになるために、どうしても必要になってくるのが、跳躍運動・支持運動・懸垂運動の3つです。

跳躍運動は下半身の筋肉を使います。ジャンプする力です。跳び箱や、なわ跳びは、この跳躍がじょうずにできなければ、できるようになりません。動物のまねなどを採り入れながら、どんどん飛び跳ねてください。最初はドタバタだった子どもたちも、じょうずに援助してあげると、正確できれいなジャンプができるようになっていきます。

支持運動は、腕でからだを支える力です。私は、現代の子どもたちにいちばん欠けている力が、支持力ではないかと思っています。この能力を身につけることで、できる運動がグンと広がってきます。具体的には、動物になって4つ足で歩く、腕で支えてカエルのように跳んでみる、といったあそびを繰り返しながら、力をつけていきます。跳び箱で体重を支えるとき、側転のとき、逆上がりのフィニッシュで上半身をグッと伸ばすとき、支持力が必要です。

懸垂運動は、ぶら下がる力です。鉄棒にぶら下がっているとき、この力がないとすぐに落ちてしまいます。逆上がりのときグイッとからだを持ち上げる力も懸垂力です。登り棒や雲梯で、いろんなぶら下がりあそびをしながら力を育てていきます。この力がつけば大きなケガをすることもありません。

気がついたらできちゃった

私のプログラムでは、3つの基本運動を軸に、徹底的にあそびこんでいきます。最終目標の運動ができるようになるのは年長さんになってから、と考えてください。

渡り棒だって渡るだけじゃ、おもしろくない!?

子どもたちは、あそびの要素がたっぷりと入った基本運動を繰り返しながら、できる子の姿をよく見る力を育てたり、他の動きと組み合わせたオリジナルのあそびを作り出す力も育てていきます。そして、知らず知らずのうちに、いろんな動きを組み合わせた、より高度な協応運動ができるようになっていきます。

基本運動が身についたら、最終目標の逆上がりや開脚跳び、側転、短なわ連続跳びは自然にできるようになります。あせらず、いそがず、子どもといっしょに、たっぷりと基本運動のあそびをやってください。それがいちばんの近道です。

大切なことは、保育士さんが、子どもと同じレベルになっていっしょに動くということです。口だけでいろんなことを言ってもダメです。子どもは見たものに対して反応します。自分も真似して

手すりをよじ登ったかと思うと、その裏側でくるんと回る…からだが動くと、あそびがどんどん発展する

やってみたい、と思います。ですから、ぜひ先生自らが動いてほしい。大人が楽しそうにからだを動かしていれば、子どもは必ず目を輝かせてついてきます。動く物に惹きつけられます。その集中力が違う場面でも子どもの大事な能力になってくるのです。「よく見る」「やってみる」「コツがわかる」この繰り返しが、学習するということの基本でもあるわけです。

できない子ほど輝きたい

運動ができる子どもは、放っておいてもだいじょうぶです。勝手に動いてどんどん力をつけていきます。いちばん気をつけなくてはいけないのが、肥満気味で、運動が苦手だと思い始めている子どもです。

そういう子どもたちは、なかなか輪のなかに入ってきません。でも、決して無理矢理やらせるようなことはしないでください。「見ていてね。でも、そのままじっと見ていられるかな」と言っているうちに、必ず、やりたくなってきます。その瞬間を見逃さないようにしてください。いつ、入りたいような目をするか、それを見ています。

モジモジして、目が輝き出したとき「おいで！やってごらん」と誘うと、動き出します。動きは鈍いけれど、いままで動かなかったものを自分の意志で動かしてみたいと、子どもが実際に動いた瞬間です。このときに「うわー、すごいね〜。こんなにじょうずにできるんじゃないの。なんでいままでやらなかったの」と言ってあげると、その子は自信をもって運動の輪に入ってきてくれます。

 マット運動 → 支持力 ＋ 回転感覚 ＋ 平衡感覚
 なわ跳び → 跳躍力 ＋ 動体視力
 跳び箱 → 支持力 ＋ 跳躍力
 鉄棒 → 懸垂力 ＋ 支持力 ＋ 回転感覚 ＋ 逆さ感覚

●器械運動は基礎運動をベースにした協応運動である

　肥満の子や障害のある子、運動が苦手な子には、特別に声をかけてあげることが大切です。そして、たくさん誉めてあげてください。誉められたというだけで、子どもは内側から輝いてきます。やってみたら、また誉められた。どんどん子どもは心を開き、前向きに動き出してくれます。

　楽しい運動には、「自分も動いてみたい」と子どもに思わせる何かがあります。這ってでもやってみたくなる…、回数を重ねていくうちに、必ずどんな子でもそう思ってくれるはずです。子どもはみんな真剣です。

正面から子どもの不安を受け止めよう

　子どもは、ひとつの動きにとても不安をもっています。逆上がりも前回りも不安がいっぱいです。不安をもっているときに後ろから補助がついても、子どもも大人も不安です。私は補助をするときは、子どもの正面に立ちます。正面に立って、子どもの目を見る。目で「だいじょうぶだよ」と合図をします。

最初は怖がっていても、何度もやっているうちに安心して「だいじょうぶなんだ」という自信ができてくるのです。子どもの視覚のなかに入ることが子どもに安心感を与えるいちばんの方法だということを覚えておいてください。

　正面に立って、子どもの見えるところに先生がいてくれる、というだけで、子どもは安心感が出て、怖いけれども頑張ってやってみよう、と思ます。後ろで何か言っても子どもたちはやりません。補助するときは正面で目を見る。アイコンタクトが重要です。

やってみよう！みんなができる魔法のプログラム 2

柳沢運動プログラム見通し表

子どものからだは、3～6歳の間に大きく成長します。なにしろ1年間に5センチも身長が伸びる時期ですから、まだまだからだは未熟で、高度な運動をいきなりやらせようとしても無理です。発達に合わせて、段階をふんだ運動をひとつずつ身につけながら、より高度な運動につなげていくことが大切です。まずは、3つの基礎運動から、たっぷりとじっくりと取り組んでいきましょう。

基礎運動 ❶ 跳躍運動

- STEP ❶ うさぎ跳び
- STEP ❷ 両脚をそろえてジャンプ
- STEP ❸ つま先ジャンプ 〈ここまで年少〉
- STEP ❹ リズミカルにジャンプ 〈ここまで年中〉… 〈ここまで年長〉

基礎運動 ❷ 支持運動

- STEP ❶ 犬歩き
- STEP ❷ クマ歩き
- STEP ❸ 小さなカエルさん
- STEP ❹ 片足クマ 〈ここまで年少〉
- STEP ❺ カエルの足打ち
- STEP ❻ 大きなカエルさん 〈ここまで年中〉
- STEP ❼ アザラシ歩き 〈ここまで年長〉

基礎運動 ❸ 懸垂運動

- STEP ❶ よじ登り
- STEP ❷ ぶら下がり
- STEP ❸ 渡り棒

器械運動 ❶ マット運動

- STEP ❶ ゆりかご
- STEP ❷ さつまいも 〈ここまで年少〉
- STEP ❸ じゃがいも 〈ここまで年中〉
- STEP ❹ 前転
- STEP ❺ 尺取り虫
- STEP ❻ 手押し車
- STEP ❼ ヒヨコ逆立ち
- STEP ❽ 側転 〈ここまで年長〉

器械運動 ❷ なわ跳び

- STEP ❶ なわに慣れる
- STEP ❷ なわを張って
- STEP ❸ クモの巣渡り
- STEP ❹ 足切りごっこ 〈ここまで 年少〉
- STEP ❺ 長なわ小波跳び
- STEP ❻ 長なわ大波跳び 〈ここまで 年中〉
- STEP ❼ 短なわ跳び 〈ここまで 年長〉

器械運動 ❸ 跳び箱

- STEP ❶ 跳び降り
- STEP ❷ 跳び乗り 〈ここまで 年少〉
- STEP ❸ 跳び越し
- STEP ❹ 床上のカエル
- STEP ❺ 小さなカエル乗り
- STEP ❻ 大きなカエル乗り 〈ここまで 年中〉
- STEP ❼ 開脚跳び越し 〈ここまで 年長〉

器械運動 ❹ 鉄 棒

- STEP ❶ 跳び上がり
- STEP ❷ すずめさん
- STEP ❸ 後ろ振り跳び
- STEP ❹ ぶたの丸焼き
- STEP ❺ さるのジャンケン
- STEP ❻ こうもり 〈ここまで 年少〉
- STEP ❼ えんとつ
- STEP ❽ 両脚抜き回り降り
- STEP ❾ 地球回り 〈ここまで 年中〉
- STEP ❿ 脚かけ振り
- STEP ⓫ 逆上がり
- STEP ⓬ 脚かけ振り上がり 〈ここまで 年長〉

基礎運動 ❶

跳躍運動

●準備運動としても使える、動物になりきったジャンプあそび

幼児のジャンプがドタバタ跳びなのはなぜ？

子どもに「ウサギさんになって跳んでみよう」と言うと、最初は、両足がそろわず、しかもドタバタと大きな音を立てて着地します。これは、なぜでしょうか。

日常の「歩く」運動は、かかとから着地してつま先を最後に上げるという運動で、ふくらはぎの筋肉を使います。この筋肉を使って、日常の動きの延長でジャンプをするので、どうしてもドタバタとなってしまうのです。

それに対して跳躍運動は、つま先から着地する、という非日常の動きです。使う筋肉も足首の前側にある筋肉で、普段の生活のなかではめったに使わない筋肉です。「歩く運動」と「跳躍運動」では使っている筋肉がまったくちがうわけです。

そこで、「いまのはゾウさんみたいだったよ。ウサギさんなら、どんなふうにジャンプするかな」と言って、つま先ジャンプをやってみせると、子どもたちは、足首前側の筋肉を使ってジャンプができるようになっていきます。

この両足ジャンプができるようになったら、列になって体育館の端から端までピョンピョン跳んでいきます。この「前の方へ跳ぶ」というジャンプでは、太ももの筋肉（大腿筋）とお尻の筋肉（大臀筋）が加わります。前傾姿勢で着地するとき、膝が曲がり、太ももに力が入ります。そしてピョンと跳び出すときにはお尻の筋肉も。この大臀筋は、大人でもめったに使うことがありません。でも、この筋肉の働かせ方がわかると、いろいろな運動ができるようになります。

大臀筋を使って糊づけジャンプ

子どものドタバタジャンプのもうひとつの原因は、両足がそろっていないこと。きれいな両足ジャンプができるようにするには「足の間にボンドを塗っちゃいました。もう離れません」というお話をしてみてはどうでしょう。びっくりするぐらい、子どもの両足がそろいます。「大臀筋を使ってみよう」と言ったのと同じことになります。

両足をそろえるために、大臀筋と大腿筋をさらに使います。両足をそろえながら同時にジャンプする、という運動では、足首の前の筋肉、ひざ、大腿筋、大臀筋を使います。いくつもの筋肉を「足の間にボンドがついちゃった」という頭からの信号とともに組み合わせて使っている運動です。簡単そうですが、いくつもの動きが組み合わせた協応運動です。大臀筋を使うと、どんどんジャンプがじょうずになっていきます。

【上】STEP1のうさぎ跳びをする年少・年中の子どもたち。どうしても両脚がそろわずドタバタ跳びになってしまうが、このステップでは楽しくあそぶことを最優先する
【右】年長児のクモの巣渡り（→p.61）での美しい跳躍。2年間跳躍運動を行ってきたので正確に、しかもかなり高く跳べるようになっている
【下】年中児のジャンプ。コツさえつかめば、短時間で跳べるようになる子もいる。両脚をそろえ、つま先でじょうずに跳んでいる

リズミカルなジャンプはなわ跳びの前段階

両足をそろえるだけでもモジモジしてしまうぐらい、じょうずな両足ジャンプができるようになるまでには時間がかかります。年少では、まだまだドタバタジャンプが精いっぱいです。でも、3歳まではあまり負荷のかかる運動はしないこと。体はまだまだ華奢です。年中ぐらいからはじめ、だんだんできるようになってきたら、「静かなカンガルーさん」とか「小さなカンガルーさんになってみよう」といって、つま先ジャンプを意識させるようにします。一定のリズムで跳べるようになるまで、いろいろな動物の模倣をしながら、くり返しやってみましょう。ジャンプ力がついてきたら、自然に長なわ跳びに入っていけます。

STEP ❶ うさぎ跳び

ドタバタ跳びでもいいんだよ！

「跳ねる動物ってなに？」とたずねると「うさぎ！」と子どもたち。そこでうさぎになってジャンプあそび。跳躍運動の導入なので、自由に楽しく跳びましょう。

腿の内側に糊をぬる真似をする子どもたち（写真左）と、その直後のジャンプ（同右）。「糊をぬる → 両脚がくっついてしまう」という物語性を取り入れると、意識して両脚をつけるようになる

STEP ❷ 両脚をそろえてジャンプ

脚の間に糊をつけてくっつけちゃおう！

両脚が開かないようにする

両脚を揃えて跳ぶステップです。うさぎ跳びでは手に意識が集中しがち。「カンガルーになろう」と声をかけ、脚に意識が向くようにしてすすめます。

STEP ❸ つま先でジャンプ

かかとをつけるとぞうさんになっちゃうよ

前傾姿勢をとる

膝を軽く曲げる

かかとをしっかり上げる

子どもにとって意外とむずかしいのがつま先立ち。「小さなカンガルーになろう」と声をかけ、かかとをあげることを意識させるように指導しましょう。

STEP ❹ リズミカルにジャンプ

跳ねる動物をいくつか選んでテーマ曲を決め、曲のランダムな変化に合わせて跳んでも楽しい

正確なジャンプでリズミカルに跳躍します。ピアノやタンバリンなどを使ってリズムを変化させたり、ほかの動物を真似てみるのもよいでしょう。

模倣あそび、リトミック…
いつもの運動に取り入れて

跳躍運動は、毎日3分でも5分でもいいから続けていくことが大切です。カンガルー、ウサギなど跳ねる動物の模倣あそびを、リトミックのなかに取り入れてみるなど、楽しくやれる工夫を盛り込んで、どんどんアレンジしながら続けていきましょう。

たとえば、タンバリンを合図に「さあ、おまじないをかけると、みんなはカンガルーになっちゃいます。へんし〜ん！」と言って動物に変身させ、「おまじないがとけるよ」と言ってタンバリンを叩いた後は普通に行進。そしてまた、「ウサギさんにへんし〜ん！」といってウサギさんになる。「今度はみんなにボンドをふりかけま〜す！」といって両足をそろえたジャンプに入る。など、子どものようすを見ながらいろいろなあそびに展開してください。

「グー」は小さく、「パー」はできるだけ大きくからだを広げてグーパー跳びを行う。子どもたちは指導者のオーバーな動きを見て、負けじと大きな「パー」をする。強弱のある楽しいあそび

! ONE POINT

意外にむずかしいジャンプのテンポ
少し速すぎるくらいがちょうどいい

リズムに合わせて両脚ジャンプをするとき、ゆっくりめのテンポだと、子どもたちは軽快なジャンプができません。大きく跳ぼうとするために、両脚がバラバラになってしまったり、つま先で跳べなかったり、ドタドタしたジャンプになってしまったりします。

子どもにとっては、少し速すぎるぐらいのテンポの方が、跳びやすいようです。連続して跳ぶなら、少し速すぎるかな、と思うぐらいのテンポにして、気分からも楽しくなるようにしてみてください。

子どもたちの集中力がとぎれないように、ときどきわざとスローなテンポにしたり、急に速いテンポにしたり、など、変化をつけながら子どもたちが楽しんでやれるように工夫してみてください。

基礎運動❷ 支持運動

●跳び箱や鉄棒など、器械運動のベースになる力を育てよう

現代っ子にもっとも足りない力

　支持運動は、腕を伸ばして支える運動です。使う筋肉は、上腕三頭筋と三角筋、つまりわきの裏側にある筋肉です。力こぶを作ったときにプクッとふくらむのは上腕二頭筋。こちらは腕を曲げるときに使う筋肉で、支持運動のときに使う筋肉の反対側にあります。

　跳び箱の開脚跳びで手をついてからだを支えるとき、マットの側転のときも、鉄棒の逆上がりで最後にからだを支える姿勢のときも、この支持力が必要です。

　脚力ばかりが発達しても、おへそから上の胸郭部分が育っていなければバランスがとれません。前段でも述べたように、0歳から3歳までは脚力発育期、3歳から6歳までは胸郭発育期としたうえで、たっぷりと上半身の力をつけなければなりません。

　支持力は、現代の子どもたちにいちばん欠けている力でもあります。畳の生活では、立ち上がるときにも手をついてからだを支えて立ち上がりました。兄弟で畳の上でじゃれ合っているときにも自然に支持力は身につきました。大学生になって、ぞうきんがけをしたら手首を捻挫してしまった、というようなケースを見てびっくりしたことがありますが、支持力を育てないまま大人になると、ちょっとした運動もできないからだになってしまいます。

　転んだ時に手が出る、高いところによじ登る、日常生活の活動の幅をグンと広げるためにも支持運動をたっぷりとやってみましょう。私のプログラムで最も重要な動きです。

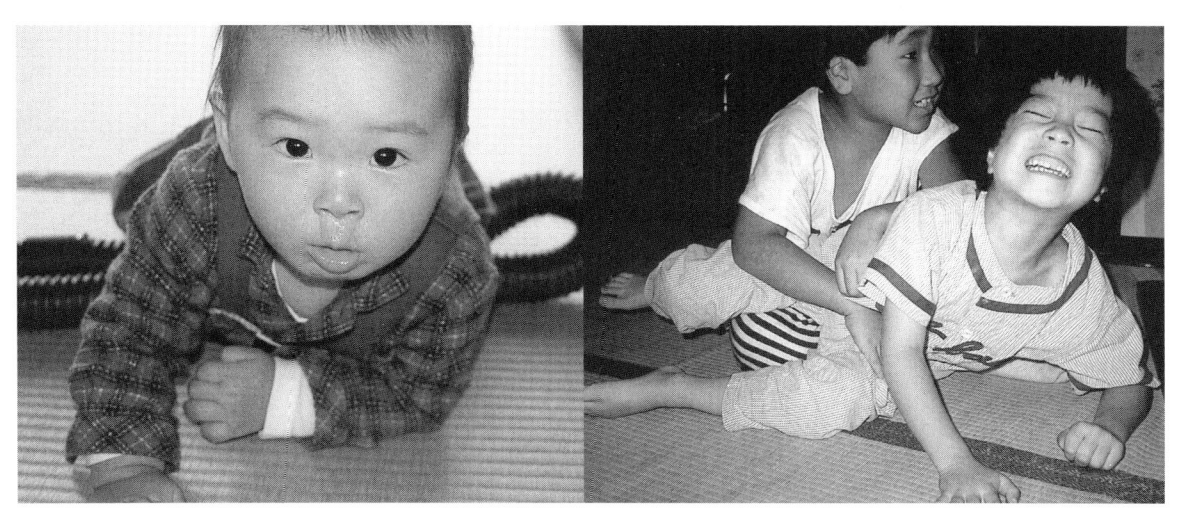

ハイハイ期は上半身と腕の力をつける大切な時期

兄弟で取っ組み合い。畳の暮らしが子どもの支持力を育てていた

赤ちゃんはハイハイで支持力を育てている

立てるようになる前の赤ちゃんは、まず、ハイハイをします。脚の力がないので「ほふく前進」のようなかっこうで、盛んに移動します。このハイハイは、支持力を育てるのにとても大事な運動です。早く立てるようになってほしいとか、ハイハイすると床のほこりをくっつけるとか、いろんな理由で、最近はすぐに立たせてしまいますが、できればたっぷりとハイハイさせてあげてほしいものです。

6～7カ月で立たせてしまうと、まだ関節が未熟なのでO脚になってしまうおそれもあります。ハイハイはできるだけたくさんすること。それがその後、支持力を育てる基礎にもなってきます。

支持運動では、手のひらをしっかり開くのがポイントです。指の開きが不十分だと腕の力が十分に発揮されないので注意してあげてください。

STEP ❶ 犬歩き

さあ！みんなで犬さんになってあそぼうね

手のひらを開きしっかり床をとらえる

膝を床につけて、四つん這いになって歩きます。STEP2のクマ歩きに導入するためのあそびなので自由に行ってかまいませんが、この段階で手のひらを開くとじょうずに歩けることを印象づけておきましょう。

STEP3の小さなカエルさんであそぶ年少児。むずかしい運動に入る前に、自由あそび的な運動を行うのも柳沢運動プログラムの特徴。新しい運動への抵抗感がなくなり、動きのポイントもつかみやすくなる

年中児のクマ歩き。しっかりと手のひらを開き、腕の力でからだを支えている。腰の位置も高く、動き全体に力強さと安定感がある

STEP ❷ クマ歩き

膝をついたら犬さんになっちゃうよ！

犬歩きより腕の力が必要になる

慣れてきたらスピードを上げてみよう

膝は床につけないでしっかり伸ばす

膝を床から離し、腰を高く上げて四つん這い歩きをします。クマは犬より大きくてのっしのっしと歩くことをイメージさせ、膝をつけないように指導します。友だちと競走しても楽しめますが、形がくずれないよう注意しましょう。

STEP ❸ 小さなカエルさん

カエルさんになって自由に跳んでみようね！

カエルのポーズをとって自由にジャンプします。STEP6 大きなカエルさんに導入するためのあそびなので自由に楽しみましょう。

集団でクマ歩きをする年中児。じょうずになってきたら、「クマさんレース」などと名付けて競走をしてみるのもおもしろい

ステップが上がるほど腕にかかる力が大きくなる

　支持運動も模倣あそびから入りますが、まねる動物の歩き方によって、支持力を使う割合もちがってきます。まずは、あまり負担のかからない「犬歩き」からはじめましょう。

　STEP 1の「犬歩き」は、ひざをついて歩きます。腕と足にかかる力は同じなので、それほど支持力はたくさん使いません。

　STEP 2は「クマ歩き」。これは両膝を伸ばして歩くところが「犬歩き」とちがうところです。同じように見えますが、「クマ歩き」では、重心が前の方に移動するので腕にかかる負担は「犬歩き」よりずっと大きくなります。（腕7：脚3）

　「クマ歩き」がじょうずにできるようになったら、STEP 4の「片足クマさん」に入ります。「クマさんが森を歩いていたら、片方の脚にケガをしてしまいました。さあ、今度は片足で歩いてみよう」などと言葉をかけて、3本脚で歩きます。これは「クマ歩き」の2倍程度の負荷が両腕にかかり、より強い支持力が必要になります。あごを開いて、できるだけ前の方を見させるように注意しながら、行ってください。

　「片足クマさん」ができるようになってきたら、「もっと脚を高く上げてみよう」と言って、脚を跳ね上げるような運動に進めていきます。

　「クマ歩き」と並行してSTEP 3の「小さなカエル」もやってみましょう。これは「クマ歩き」とちがってピョンピョン跳ねる動きですが、これができるようになるとSTEP 6の大きなカエルももうすぐです。

　「片足クマさん」ができると手のつく位置を前後に変えるだけで、側転に入っていけます。何回も繰り返してやっているうちに、自然にできてしまう子も出てきますよ。

【左】年長児の片足クマ。膝がよく伸びて力強い
【右】ここまで下半身をあげてくる子もいる。写真では倒立しているかのようだ。腕に大きな力がかかっているのがよくわかる

STEP ❹ 片足クマ

大変！ クマさんが後ろ足をケガしちゃったよ

慣れてきたら膝を伸ばし、足をできるだけ高く上げる

肘を伸ばさないと体重が支えられない

STEP2のクマ歩きの状態から、片足を床から離して3本足のクマになって歩きます。慣れてきたら膝を伸ばし、足を高くあげるように指導します。最終的には歩くというより、跳んでいる感じになります。

STEP ❺ カエルの足打ち

足で拍手を1回

あごを開きできるだけ前方を見る

手を床にしっかりとつき、両脚を同時に高く振り上げた瞬間に足の裏を打ちます。わずかですが、振り上げた足に滞空時間が求められる運動で、倒立（プログラムでは行わない）へつながる動作になります。

❗ ONE POINT

カエルの足打ち対戦バージョン「足ジャンケン」にトライ！

足打ちのかわりに足ジャンケンをしてみても。足を振り上げるタイミングを計るために相手の顔を見なければならず、「あごを開く」感覚が自然に身につきます。また、友だちと競い合うので、運動への真剣さが増し一石二鳥です。

ジャンケンポン！

大きなカエルさんができると跳び箱はすぐ跳べる

STEP 6の「大きなカエルさん」は、跳び箱の開脚跳びの基礎運動にもなっています。同じように見えますが、「小さなカエルさん」よりずっとレベルの高い動きです。

手の平を開いて床につけ、両腕でしっかりと体重を支える。腕を軸にして重心を前に移動させる。両脚をタイミングよく同時に開く。ついた手で床を強く突き放しながら、両脚を手より前に出す。両脚同時に床を蹴って、腕を前につく。これらの運動は、簡単そうですが、いくつもの筋肉と、いくつもの運動の組み合わせです。「ウシガエルさんは、大きく、遠くまで跳ぶんだよね」などと言葉をかけながら、ダイナミックな動きにつなげていきましょう。ここまでの段階で、支持力が十分についてくると、しだいに動きも大きくなっていきます。

ここで注意しなければならないことは、手をつくときの幅です。子どもの肩幅よりも広く手をついてしまうと、脚で手を挟んでしまい、うまく跳ぶことができません。手首を痛めてしまうこともあります。そのために、床にビニールテープをはって、「この2本の線のなかに手をつこうね」と言葉がけします。「脚は線のお外だよ」と言ってあげると、自然に「大きなカエルさん」の形になります。

しっかりと腕で支える動作と、両脚を同時に開く動作を、たくさん経験させてください。

STEP ❻ 大きなカエルさん

カエルの姿勢から両手を前方につき、床を蹴って足を腕に引きつけるように跳びます。足を手の前に着地させるのがポイントです。膝を伸ばして行うと、跳び箱開脚跳びのフォームになります。じょうずになったらやってみましょう。

しっかりと手を床につく

ウシガエルさんて知ってる？
すごく大きなカエルさんだよ。
みんなで真似してみようね

手をついたまま、両足で床を蹴る

足を腕に引き寄せるようにして着地する

足は手の位置の外側前方

床に貼ったビニールテープを目印にすると、大きなカエルさんの手足の位置関係がつかみやすい

STEP ❼ アザラシ歩き

足をまったく使わず、腕の力だけで前にすすみます。やっているうちに足を使ってしまう子が多いので、子どもたちがアザラシになりきれるような工夫が必要です。

アザラシさんって足はあったかな？

大きなカエルさんでの開脚跳びに慣れるためには、グーパー跳び（プログラムでは取り上げていない）を行うとよい。足の開閉と手の「パー、グー」を連動させると、指を曲げないで手をつくことも同時に身につく

● 基礎運動の指導のポイント

1 よい例・悪い例をはっきり示してあげる

　私の指導の特徴は、言葉で説明するよりも映像化し視覚に訴えて説明することです。

　それほど重要でない説明は言葉で行なう場面もありますが、特に正確な動きを身につけさせたいときの説明では、よい例・悪い例を実際に行なって見せ、必ず子どもたちに評価させます。

　「評価させる」ことは大変重要で、この手続きにより子どもたちは正しい動きを、正確かつ確実に自分のからだに浸透させ、懸命に悪い例ではなく、よい例を模倣して私からのよい評価を得ようと努力してくれます。

　このことからも、ぜひ、先生自身が身を呈して視覚に訴える説明を行なってください。また、このような非日常的な動作を積極的に大人が取り入れることは、普段使わない筋肉群を使うことになるので、新陳代謝も活発になり先生自身の美容と健康にも積極的に貢献できる、という効果も望めます。

●支持運動 STEP2 のクマ歩きで、「あごを開く」指導をする筆者。写真下の悪い例を並行して行い、2つの動きのちがいを子どもたちに発見させ、印象づけるようにしている

2 楽しいゲームで運動のポイントを印象づける

　支持運動のポイントのひとつは、手のひらをしっかり開くこと。しかし、幼児期の子どもは年長児→年中児→年少児と年齢が小さくなるほど、指先に神経が十分通じていないため、指の第一関節が曲がった状態で着手してしまいます。この状態でクマ歩きを行なうと指先を痛めたり、十分な支持が取れず、前のめりに顔面から床に突っ込んで大変危険なことになります。

　このような事故を起こさないためにも、必ず運動前に「グーチョキパー」でゲームを行ない、「パー」の手で四つん這いになることを十分に印象づけてください。年少児でも「パー」の動作のときには、指先までしっかり神経を集中して確実に指を伸ばすことができます。子どもに運動のポイントをどう伝えるかは、保育者の腕の見せどころです。

③ むずかしい運動の前に前段のあそびを行う

　私の運動プログラムは、簡単なもの→難しいものへ・単純なもの→複雑なものへと、段階を踏んでおり、見通し表で説明しているすべての運動が対象となっています。

　そこで注意していただきたいのは、簡単な運動だから省略して…という使い方はしないでください。簡単な運動だからこそ、十分に動きの楽しさ、面白さを前面に出す工夫を心がけてほしいのです。この手続きを行なうことによって、すべての子どもが自らからだをコントロールするよろこびを感じてくれると思います。

　幼児期の子どもはきわめて適応性に富んでいて、難しい運動でも体系的な援助を行なうことで難なくこなしてしまう能力を持っています。簡単な運動では、技術の正確さよりも動きの楽しさに重点をおいた援助を。難しい運動では、楽しさも大切ですが技術の正確さに重点をおいた援助を行なってください。

●グーチョキパーゲームは、指導者と同じ手を瞬時に出すゲーム。後出しした子には「コチョコチョ」の罰ゲームが待っていたりする（写真上）。ゲーム性を加えると、楽しさが倍増する

④ 用具の使い方を工夫し運動にメリハリをつける

●ビニールテープをたくさん張って、連続跳躍。床上にラインができただけで楽しくなる

　ある程度、運動に興味を示してくると、子どもは旺盛な好奇心をむきだしにしていろいろな経験を求め始めます。同じ運動であっても、早く動いたり、遅く動いたりというような変化をよろこぶので、同じことを何回も繰返すという内容では飽きてしまい、集中力が途切れてしまうことがあります。

　こうならないためにも、変化に富んだ支援が必要になります。同じ用具でも使い方を工夫するなど、臨機応変に創意工夫をこらした内容が大切です。

　たとえば、跳躍運動にカラーリングを導入して「ケンパ」のように楽しんだり、支持運動では傾斜をつけたはしごをクマ歩きで渡ったり、子どもの習熟度や興味に合わせて運動にメリハリをつけるようにすると、いつもの運動を新鮮に楽しむことができます。

　また、運動を行っているうちに着手や着地の位置がいい加減になってしまうことも。そんなときは、リングやビニールテープなどで目印をつけてあげましょう。

基礎運動 ❸

懸垂運動

●握力と腕力を育て、鉄棒の基礎を身につける

固定遊具であそぶ子が少なくなっている

　すべり台、ジャングルジム、渡り棒、登り棒などは、どこの園にもある固定遊具で、大きな筋肉、特に胸郭の部分をつけるためにも重要な遊具なのですが、最近は、これらの固定遊具で遊ぶ子が少なくなっているようです。30年ぐらい前なら、木に登ったり、へいの上によじ登ったりする遊びがありましたが、現在ではこのような行為が禁止されているので、ほとんどの子どもは木登りの経験もありません。

　その結果、上半身の力が弱い子どもが多くなってきているのです。これでは、「逆上がりをやって」と言ってもできるはずがありません。

　懸垂力は、両腕で渡り棒、鉄棒などにぶら下がったり、高いところによじ登ったりするときの手・腕・胸の力です。子どもが高い所に興味をもつのは、成長の過程でもこの時期に上に登る運動が大事であるためとも考えられているぐらいですから、もっとたくさん固定遊具であそばせることが必要です。

　懸垂運動は、あらゆる鉄棒運動の基本になる運動でもあります。また、地上から離れて動く恐怖心をとりのぞくためにも、高い所に慣れることが大切です。普段は見下ろされている小さな子どもたちにとって、高いところから眺める世界は未知の世界でもあります。自分の環境を見下ろし、広い視野を体験することで自信をもち、積極的にあそべる子どもになっていくはずです。

補助を受けながら登り棒を登る。これくらい高く登れると、子どもは感動する。「ひとりで登りたい」「もっと高く登りたい」という気持ちが芽生える

STEP ❶ よじ登り

登り棒をよじ登ります。できない子には、指導者が足の真下を握りコブをつくって補助を。高いところに登る気持ちよさをみんなに体験させてあげましょう。

すごい、先生より高いよ！
気持ちいいでしょ

足のひらで棒を挟み
よじ登る

脚を棒にからめて
よじ登る

STEP ❷ ぶら下がり

渡り棒や鉄棒に両手でぶら下がります。単調な運動なので、どのくらいぶら下がっていられるかみんなで数を数えたり、友だちと競争するなど、ゲーム感覚で楽しんでみましょう。

どちらが長くぶら下がれるかな？
みんなで数を数えるよ。1、2、3…

STEP ❸ 渡り棒

渡り棒を渡ります。できない子にはからだを支える、手をとって前の棒をつかませてやるなどの補助を行います。

懸垂力がつくと吊り輪もこのとおり。ぶら下がる力、からだを引きつける力があると、固定遊具がぐんとおもしろくなる

「よじ登る」「ぶら下がる」ことの意味

懸垂運動でいちばん簡単な動きは、すべり台に登ったり、ジャングルジムによじ登ったりすることです。この動きでは、手首からひじにかけての前腕筋、力こぶの筋肉の上腕二頭筋、胸の周りの大きな筋肉である大胸筋を使います。また、脚をふんばって腕を動かすときに腰も使います。上半身の大きな筋肉を組み合わせてよじ登っていくわけです。

次にむずかしい懸垂運動は、登り棒です。自分の体重を脚と腕だけで支えながら垂直に登る動きですから、より大きな力が必要になります。補助として、足の下の位置に手を添えて固定してあげると、登れるようになります。

そして、渡り棒にぶら下がる動きとなります。ぶら下がり運動では、前腕筋と大胸筋を主に使いますが、最初は、長くぶら下がっていられません。「どっちが長くぶら下がっていられるかな」と言葉をかけて、「ぶら下がり競争」などをして遊ぶと、楽しんでやるようになります。ぶら下がっていられるようになったら、はずみをつけて渡ります。それができたら1本抜かしなど、成長に応じて挑戦してみましょう。

子どもこそ「ぶら下がり」が大切

しばらく前に「ぶら下がり健康機」がブームになりました。肩こりや腰痛が治るとか、背筋が伸びるなどの効果があるということで、通信販売のヒット商品になりました。でも、ぶら下がることは、子どもこそ必要だと私は考えています。

鉄棒あそびが減ってぶら下がることが少なくなった今、子どもたちの体にはさまざまな異変が起きています。20〜30年前ぐらいから子どもの脊柱側彎症が多く報告されるようになりました。つまり、成長期の子どもの脊柱が曲がっているのです。そのためでしょうか、正しい姿勢で座っていられない、すぐグニャグニャになってしまう、まっすぐ走れない、立っていられない、といった子どもが増えてきました。そういう子どもに、いくら「姿勢を正しなさい」「ちゃんと座っていなさい」と言っても無理なことです。そもそも、そういう体になっていないのですから。

この背景には食生活や住環境の変化もあるでしょうが、私は「ぶら下がり遊び」の減少も大きく影響していると考えています。

幼児期の子どもは、一年に3〜5センチも身長が伸びます。体重を支えるという力と、上に伸びようとする力、両方が骨や筋肉にかかってくる時期と胸郭発育期は重なっています。「ぶら下がる」という運動で、背筋をまっすぐに伸ばし、胸郭部分を十分に育てていれば、背骨は自然にまっすぐになります。

幼児期こそ、たっぷりと「ぶら下がり」運動をさせてあげてください。

器械運動 ❶
マット運動

●支持力と回転感覚を養い、年長での側転をめざす

回転感覚を身につけるとジェットコースターも怖くない

　ここからは、いよいよ最終目標とする運動に向かって仕上げていく動きです。基本的な運動で身につけてきた「力」に加えて、それを組み合わせる「感覚」が必要になってきます。その感覚を体でおぼえると、からだの動きがいちだんと大きく、無駄がなくなり、自分の体をコントロールできるようになって、遊びの自由度が広がってきます。

　マット運動の側転や前転に必要な感覚は「回転感覚」です。回転感覚は、鉄棒にも生かされる感覚で、この感覚を身につけると、回転することへの恐怖心もなくなり、体のバランスをとるのにとても役立ちます。

　回転感覚を身につけるとき、いちばん大切なことは「あごを開く」ということです。あごを閉じて回ると三半器官のバランスが崩れて目がまわってしまいます。ジェットコースターなどの乗り物も、この回転感覚が身についているかどうかで「好き・嫌い」がはっきりとわかれます。大好きな人は回っている間も目を開いて前方を見つめ、バンザイをしていたりします。一見あぶなそうに感じますが、目をつむって下を向いている方が、ずっと怖いものです。ジェットコースターが大好きな人は、回転感覚も身についているのです。

　10歳を過ぎてから身につけようとしてもなかなか難しい回転感覚。幼児の時期にしっかりと身につけておきましょう。

「ゆりかご」ができれば前転までもうひと息

　前転ができるようになるために、いちばん大事になってくるのが「背中を丸める」ということです。これができないと、前転のとき、木が倒れるようにバタッとなって、強く背中を打ってしまいます。

　STEP1「ゆりかご」は背中を丸める動作を身につける重要な運動です。ポイントはひざと胸の間に空間をつくること。「赤ちゃんをつぶさないように、やさしく揺らしてあげようね」と言ってあ

ゆりかごの指導を受ける年長児。上達したら、脚を高く振り上げ、ゆりかご→起き上がりの連続運動に発展させてもいい

STEP ❶ ゆりかご

前転の基本となるフォームを身につける運動です。背中を丸め、おなかの上に赤ちゃんをのせたつもりで空間をとると、じょうずにゆれて起き上がることもできます。

十分に空間をつくる　　　　そのままの体勢でからだを前後にゆらす

応用　ゆりかごから前転へ（STEP ❹）

ゆりかごを身につければ、特別な練習をしなくても、STEP4の前転が自然にできるようになります。

脚を開いて立ち、足親指付け根のすぐ内側に手を置く

脚の間に頭を入れ、視線をできるだけ天井に向ける

後頭部からゆっくり回転に入る

げてください。自然に背中が丸くなります。ボールやぬいぐるみを用意して胸の間に入れてやってもよいでしょう。

　前転のポイントは、頭を入れること。幼児期の子どもは四等身なので、マットに両手をついたとき、頭のてっぺんがマットにくっつき、そのまま回転するとバタンと倒れてしまいます。手をついたら、「脚の間から天井を見てごらん」と言って、首から回れるように援助します。あとは「ゆりかご」のポーズです。背中が丸まっていれば自然に立ち上がることができます。

ゆりかごの悪い例

背中が伸びてしまうと、ゆりかごも前転もできません。おなかの上にボールなどを乗せて、フォームが保持できるように指導します。

背中が丸まっていない
胸と脚の間に空間がない
赤ちゃんをやさしくゆらしてあげようね

ゆりかごで上体を起こす
ゆりかごのフォームを保つと、自然に立ち上がることができる

ONE POINT

腕の組み方はどう理解させたらいい？

　ゆりかごでは腕の組み方も大切なポイント。膝の前で組むと胸と脚の間の空間を最後まで保持することができますが、反動をつけようとして手を離してしまうことも。つぎの手順で指導すると4の姿勢がもっともやりやすいことがわかり、腕にも注意を払うようになります。

1. 胸の前で腕を組み、上体を起こす

背中が丸まらず、脚の反動がないと起きあがれない

2. 膝の裏を手で持って、上体を起こす

V字のフォームになるが背中が丸まらず、反動が必要

3. 膝を持って、上体を起こす

顔と膝が近づき、徐々に背中が丸めやすくなる

4. 膝の前で手を組み、上体を起こす

顔と膝がさらに近づき背中が丸めやすくなる

あごを開いて横回転 側転の感覚をつかもう

横への回転運動は、側転につながる動きです。いちばん大事なのが「あごを開く」ということ。あごを開くとき、首の後ろ側の筋肉を使いますが、子どもたちにわかる動機づけであごを開いて、回る感覚を身につけさせてください。

回転するとき、先生が子どもの頭側に立って「先生の顔をずっと見ていてね」と言ったり、壁の近くであれば、頭側の壁にアニメのキャラクターなどの絵を張って、「アンパンマンをずっと見ててね」などと言葉をかけると、楽しみながらあごを開く動作を身につけることができます。

「じゃがいも」はひざを抱いてゴロゴロ回る運動です。ひざをは開いてください。この動きができれば側転はもうすぐです。

「やきいも」は手足を伸ばして回るので、腹筋も使います。最初はふにゃふにゃですが、何度もやっていると筋肉もついて、じょうずにできるようになります。「まっすぐなやきいもをくださーい」など、腹筋が使えるような言葉をかけてあげましょう。

STEP ❷ さつまいも

からだを伸ばして横に回転します。あごを開き、自分の指先を見るようにすると目が回りません。

> やきいも焼けたよ！
> おいもさんたち転がっておいで

腕と脚を伸ばして転がる

指先を視るようにすると目が回らない

STEP ❸ じゃがいも

膝を抱えて横に回転します。やきいもよりずっとむずかしく、最初はほとんどの子がマットから転がり出てしまいます。援助者は側について、からだを回転させてあげましょう。

> 今度はからだを丸めて
> じゃがいもだよ

脚を開くようにすると回りやすい

あごを開いて頭上を見るようにすると目が回らない

「頭側に立った指導者の顔がいつも見えるように回る」という課題でじゃがいもを行う年長児

さつまいもは比較的簡単な運動。2人が頭を向け合い手をつないで回る「長いも」、マットの下に跳び箱（1段）を入れて転がる「でこぼこおいも」など、いろいろにアレンジできる

STEP ❺ 尺取り虫

腕立て布施の体勢から、脚を手の位置に歩くようにして引きつけます。尺取り虫のように連続して進みましょう。

腕立て伏せの体勢をとる

手の位置を変えずに足を引き寄せる

手を数歩分前に出して動きを連続させる

STEP ❻ 手押し車

体育でお馴染みの手押し車も、支持力がつくと幼児でも可能になります。補助者が脚を持つ位置は、太もも→膝→足首の順にむずかしくなるので、子どもの習熟度に合わせてあげてください。

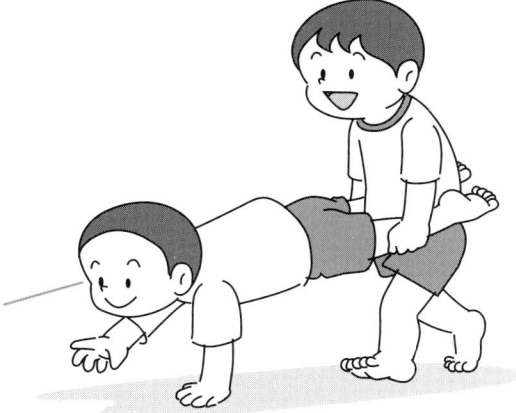

顔を上げ、進行方向を見る

支持力と回転感覚が身につくと無理なく側転ができる

　側転は、両腕を伸ばして支える支持力と回転感覚の組み合わせです。「片足クマさん」をたくさんやって、両手をついた片足クマさんがじょうずにできるようになったら、手をつく位置を前後にしてあげます。「じゃがいも」でやったときのように「あごを開いて」回転すれば、自然に側転ができるようになります。

　補助するときは、背中側に立って、腰をもってあげましょう。うまく回転できないときは、「じゃがいも」であごの開きを何度もやってみること。一度できるようになると、子どもはどんどん喜んで側転をやるようになります。「ヒヨコ逆立ち」や「側転」ができると倒立もやらせたくなるところですが、幼児は肩の関節が未熟なので、まだやらせないようにしてください。

STEP ❼ ヒヨコ逆立ち

腕の力でからだを支え、足を床から離し静止します。三角形の頂点を見るようにするとバランスがとれます。

膝を腕の外側にかけると下半身を保持しやすい

手の間隔を底辺にした正三角形を描き、頂点を見るようにするとバランスがとりやすい

【右】支持運動STEP4の片足クマ。ここまで脚が上がっていると、すぐにでも側転へ移行することができる
【上】腰を回転させる側転の補助。子どもたちに運動に対する不安がなくなると、援助者を信頼してからだを預けてくるようになる

STEP ❽ 側 転

　支持力がつき、回転に対する不安がなくなると、手のつき方を教えるだけで側転ができるようになります。「片足クマ」をたくさんやって、足が高く上がるようになってから導入してみましょう。あごを開いて、しっかりと手をつくことがポイント。できそうな子には少し腰を支える補助をしてあげるとできるようになります。

床のビニールテープ上に手を着き片足クマをする。側転では、このテープの内側に手足を着くようにする

足を高く振り上げて、片足クマのお手本を示す。この動きが側転や、幼児では行わないが倒立の基本になる

器械運動に移る前に

初めての運動用具も怖くない！
運動用具に慣れるための自由あそび

　子どもたちは、「なわ」にさわるのも「跳び箱」を見るのも初めてですから、最初は、遊びのなかで、自由に用具とふれさせてあげてください。

　長なわでは、綱引きのように両方から引っ張る「引っ張りごっこ」や、なわを使って絵を描く「なわの一筆がき遊び」、4〜5人でなわを持って「汽車ごっこ」などができます。

　短なわでは、二つ折りにして片手で振り回して遊ぶ「プロペラ」や、ムチのように地面を叩く「カウボーイあそび」なども楽しめます。

　ただし、なわあそびのときは、回りの子どもになわがぶつかったり、からんだりしないように広い場所を確保してやるように注意してください。なわを始める前にタオルや布などのやわらかいもので遊ぶのもいいですね。

　跳び箱は、準備や後かたづけなどを子どもたちといっしょにやることを習慣にしましょう。バラバラにした跳び箱で「汽車ごっこ」や「お風呂じゃぽ〜んごっこ」などをしてもいいし、3段ぐらいに重ねて「よじ登りあそび」などもいいでしょう。

　子どもたちは、用具に触れながら、大きさや重さ、扱い方などを身につけていきます。

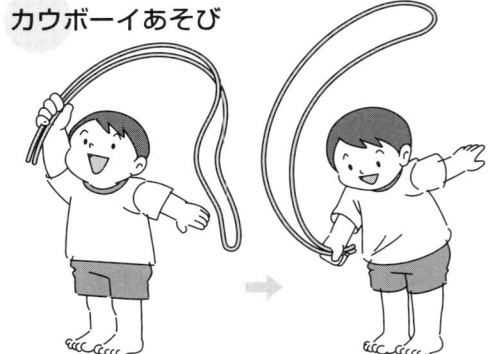

カウボーイあそび

引っ張りごっこ

汽車ごっこ
（跳び箱）
シュッシュポッポ

よじ登りあそび

器械運動 ❷

なわ跳び

● 発育に合わせて指導すると、年長で短なわ跳びもできる

なわ跳びの動作を分析すると

　なわ跳びは、上手、下手という前に「跳べるか」「跳べないか」がはっきりとわかってしまう運動です。初めはぎこちなくても、どうにか跳べる子どもは練習を重ねるごとに動きが洗練され、完成された形に少しずつ近づいていきます。

　しかし、跳べない子どもは、跳べる子どもの動きと跳べない自分の違いを子どもなりに比較して「どうして跳べないか」が理解できないので、興味を失っていくことがあります。

　このように子どもにとってなわ跳びが「跳べるか」「跳べないか」は、運動意欲をそれぞれ違う方向へ導いてしまうことがあります。この時期に跳べるようになることは重要な意味をもっています。

　なわ跳びの長なわ跳びは、「左右の脚をそろえる能力」「左右の脚をそろえながら上にジャンプする能力」「なわを自分の視覚でとらえてタイミングよくジャンプする能力」を組み合わせた運動です。短なわの連続跳びは、この3つの能力に加えて「左右の腕を同じリズムで回転させる能力」が必要になります。最初は、長なわ跳びから入るようにしましょう。

　3歳頃は、まだ手と脚の協応動作がうまくできず、なわの動きに対してほとんど反応ができないため、動いてくるなわを跳び越すという動作ができません。この時期は、なわ跳びの基本となる両脚ジャンプを中心に、跳躍運動を中心にあそばせてください。

　4歳になると手と脚の協応動作も少しはしっかりしてきますから、地面に置いたなわの上を歩いたり、走ったりすることができるようになります。ケンパー跳びや開脚跳びなどを組み入れながら、正確な両脚ジャンプができるようによく見てあげてください。

　4歳後半になると筋肉や骨格もしっかりしてくるため、なわを地面から持ち上げた状態で、その上を跳び越えることができるようになります。地面に置いたなわの上で両脚ジャンプができるようになったら、次に地面から10センチほどなわを持ち上げた状態で、開閉跳び、両脚ジャンプをします。リズミカルなジャンプを心がけてください。

　5歳になれば運動神経もグンと発達し、手と脚の協応動作もずいぶんできるようになります。この時期には、動いているなわを自分自身でとらえ、タイミングよく跳び上がる能力を身につけさせてください。動くなわがどうにか跳べるようになったら、長なわでの大波・小波跳びをたくさん行い、次に、短なわを自分の腕で回転させる動作を行います。

初めてなわを見る子も…
まずは慣れることから始めよう

子どものなかには、なわを見たことがない子もいますから、最初は、なわを使って遊びながら、なわに興味をもたせるようにしていきます。

STEP 1では、なわを床に置いて遊びます。「なわの上を落っこちないように歩けるかな」と言いながら、なわの上を注意深く歩きます。なわは自由な形に曲げることができるので、ジグザグな形にしたり、丸くしたり、いろんな形にしてなわの上を走ってみましょう。「ゾウさん」などの模倣あそびにすると、喜んでやります。

次は、なわを床に置いて両脚ジャンプを組み合わせます。2本のなわを使った「グーパー跳び」は、「グー・パー・グー・パー…」と声をかけてあげるとリズムが出ます。

「ジグザグ跳び」は、1本のなわを右に左にジグザグに跳んでいきます。このとき、なわを注目しながらも、両脚ジャンプが正確にできているかどうか、よく見てあげましょう。「ウサギさん」「カンガルーさん」など、跳躍運動のときにいっぱいやった模倣跳びを取り入れて、つま先ジャンプを思い出させてあげましょう。

STEP ❶ なわに慣れる

1. なわ渡り

長なわを2～3本つないで、まっすぐに床の上に置きます。その上を、サーカスのつな渡りをイメージして、落ちないように歩きます。

- 両手でバランスをとりながら歩く
- つま先で歩く
- 床にビニールテープを貼ってその上を歩いてもよい

2. なわ走り

床のなわを曲線や円形にしたりして、その上を落ちないように走ります。

床は海だよ！ 落ちるとサメに食べられちゃうよ

なわのかわりに床にビニールテープを貼って、カンガルー跳び（写真下）と開脚跳び（同右）をする年少児。この段階で、つま先をつかったジャンプをおさらいしておく

3. 開脚跳び

2本のなわを20cmほどの間隔で平行に置き、ケンパで跳んでいきます。ジャンプはつま先を使った正確な跳躍で行います。

20cm

なわの内側に降りるときはつま先をそろえる

4. ジグザグ跳び

1本のなわを、つま先を使った正確なジャンプでジグザグに跳んでいきます。

なわと平行に向き合う

一度跳んだら、なわの方に向きを変える

なわに高さが出てくる 正確なジャンプで跳び越えよう

　STEP 2 からは、なわに高さが出てきます。床から離れたなわに、まずは慣れることが大切です。最初は30センチぐらいの高さで。「さあ、なわにさわらないで、向こう側に行くには、どうしたらいいかな」などと言葉がけし「ワニさんだったら？」「ラッコだったら？」など、いろんな模倣あそびのなかで、くぐり抜ける遊びをします。

　高いところになわを張った「跳びつきごっこ」は、ウルトラマンなどの「アニメの主人公になってみよう」というと夢中になります。逆に、高いところから始めてだんだん低くしていくのもおもしろいですよ。

　10センチぐらいの高さを跳び越す動きは、「ウサギさん」や「カンガルーさん」で。

　2本のなわを使ってのジャンプは、「カンガルーさんになって、小さな川を跳んでみよう」と言葉をかけます。幅も高さもある跳躍は、より正確で高度なジャンプが必要。段階を見てやってみましょう。

STEP ❷ なわを張って

1. くぐり抜け

高さ30cmほどに張った長なわを、からだを伏せたり、仰向けになったりしてくぐります。

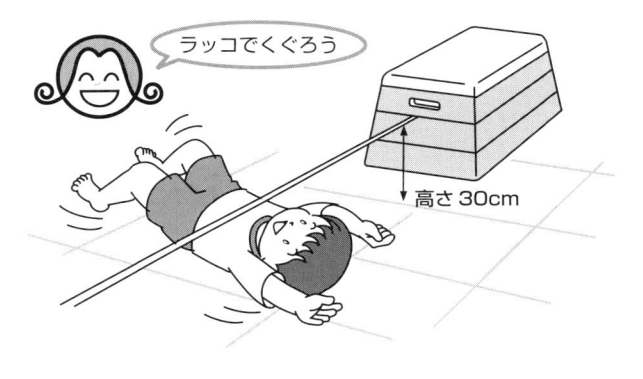

「ワニさんでくぐろう」
高さ30cm

「ラッコでくぐろう」
高さ30cm

! ONE POINT

怖くて跳べない子にはカラーゴムを使ってみる

　跳べない子のなかには、ピンと張ったなわに足がひっかかって転ぶことが怖いという子がけっこういます。実際は跳べる力があっても恐怖心から跳ぶことができないのです。

　そんなときは、ゴムを使ってみましょう。ゴムひもなら足にかかっても転倒することはありません

し、5センチぐらい引っ張って下げてあげることもできます。昔の「ゴム跳び」の要領で、伸縮自在のゴムの利点を最大限にいかして、恐怖心をやわらげてあげるのです。色のついたカラーゴムを使うと、目にも楽しく「跳んでみたい」という興味もわいてきます。

　「ゴム跳び」は、跳べない子で

も工夫して越えられるところがいいところ。いちばん大切なことは、子どもたち自身がルールを作りながら、いろんな動きを作っていける自由なあそびであることです。心の動きをよく見て、「やってみたい」「何度もやりたい」という気持ちになるように、援助してあげることを心がけましょう。

2. 跳びつきごっこ

頭上に張ったなわに跳びつく自由あそびです。なわの高さは子どもの発達に合わせて。どの高さまで跳びつけるか、競争しても楽しめます。

どこまで高く跳べるかな？

高跳び・幅跳びと同じなわの張り方でジグザグ跳びをする。子どもの興味に合わせて、無理のない範囲であそびを変化させていくことは大切

3. 高跳び

高さ10cmほどに張った長なわを、つま先を使った力強いジャンプで跳び越えます。

カンガルーさんになって跳び越えてね

高さ10cm

4. 幅跳び

高さ10cm、30cm間隔で長なわを張り、力強いジャンプで2本とも跳び越えます。

カンガルーさんになって小川を渡ろう

高さ10cm　幅30cm

ゲーム感覚で楽しみながら跳び越える運動のまとめ

　三角形に張った長なわを跳ぶ「クモの巣渡り」は、跳び越える運動のまとめで、長なわ跳びの基本になります。

　「先生は大きなクモになっちゃいました。まん中で、エサがクモの巣にかかるのを待っています。お腹はペコペコです。クモの巣にかからないように跳べるかな？」と物語をつくって、連続でなわの跳び越しをします。子どもたちは大きな仕掛けが大好きです。ゲーム性を加えてあげると、同じ運動でもよろこんで積極的にやるようになります。「クモの巣渡り」で十分にあそべるようになったら、次はいよいよ、動いているなわを見て跳び越える段階に入ります。

クモの巣渡りでは連続ジャンプが求められる。つま先ジャンプができていれば、テンポよく跳ぶことができる

みんなでクモの巣渡りをする。なわを使った運動が苦手な子も、「もっとやりたい！」を連発する楽しい運動

STEP ❸ クモの巣渡り

子どもたちは好きな昆虫になって、くもの巣に見立ててたなわに触れないように正確なジャンプで連続跳びをします。なわがつくる大きな三角形の角部分を跳んで一周しますが、「引っかかったらクモに食べられてしまう。そうしたらやり直し」など、ルールを設けるとゲーム感覚で楽しむことができます。

わたしはチョウチョね

跳び箱や机の脚を利用してなわを張る

なわはクロスさせて固定すると安全

引っかかったら食べちゃうぞ！

つま先で正確に跳躍する

ぼくはトンボだよ

10cm高さでなわを張る

! ONE POINT

クモの巣渡りを
ほかの運動にアレンジする

「クモの巣渡り」を「カエルさん」や「片足クマさん」などの動物になってやってみるのもおもしろいですよ。

また、「クモの巣渡り」に跳び箱や鉄棒をつづけてサーキットあそびのようにしてみるのもいいでしょう。子どもたちはよろこんであそぶはずです。

● 「クマ歩き」でクモの巣渡り

● 「クモの巣渡り」に、すべり台→跳び箱を連続させる

なわの動きをとらえてジャンプするステップへ

ここからは、動いてくるなわを自分の視覚でとらえて正確にジャンプする動きに入ります。5歳ぐらいになると協応動作ができる年齢になります。最初はゆっくりとなわを動かし、スピードに慣れさせてから、だんだんとスピードを上げていきましょう。

「ひとり足切り」は、短なわを二つ折りにして、地面すれすれに回転させて、この上を跳びます。大勢でいっしょにやるときは「タコの足切り」です。保育士が二人で長なわを持ち、ゆっくりと子どもの正面から子どもに向かって、なわを移動させていきます。4人一組で縦に並び、みんなでいっしょに跳びます。足が8本でタコの足。どれか一本がひっかかっても失敗です。タイミングを合わせて、みんないっしょに跳べるかな。

STEP ❹ 足切りごっこ

1. ひとり足切り

動いているなわを跳ぶ段階に入ります。指導者がゆっくりと回す長なわを、目でとらえて跳び越えます。一人ずつ行いましょう。

床を滑らせるようにゆっくりと回転させる

! ONE POINT

「なわ跳び歌」を覚えて、みんなで遊ぼう！

●おじょうさん、おはいり

♪ おじょうさん　おはいり
　こんにちは
　ジャンケンポン
　負けたお方は出てちょうだい

2つのチームを作って、長なわを跳びながらジャンケンします。負けた子は、なわに引っかからないように出て次の子に代わり、またジャンケンをします。勝ち続けると、ずっと跳ぶことになりますが、みんなで歌いながらやると盛り上がります。

●郵便屋さん

♪ 郵便屋さん　落とし物
　ひろってください
　1枚・2枚・3枚…

地面にハガキを落とした郵便屋さんが、なわ跳びを跳びながら歌に合わせてハガキをひろいます。10枚までひろえたら次の人と交代です。

2. たこの足切り

指導者（2人）がゆっくりと床を滑らせる長なわを、目でとらえて跳び越えます。数人が横一列になって跳ぶことから始めますが、上達すると20人くらいが5～6列になって跳ぶこともできます。

足元を通過するなわを目でとらえて跳ぶ

床の上に長なわを滑らせるように走り抜ける。速度は子どもたちの習熟度に合わせる

長なわは2人で回す必要はない。いじわるなわ跳び（→p.67）などの場合は、むしろ片方をテーブルの脚などに結んだ方が回しやすい

STEP ❺ 長なわ小波跳び

1. 波越え跳び

小波跳びの導入運動です。長なわをヘビや波のように動かし、それを跳び越えます。指導者が1人の場合は、なわの片一方を机の脚などに結わえてゆらすとよいでしょう。

ヘビ なわを横にふる

波 なわを縦にふる

長なわ跳びができるとあそびの世界が広がってくる

　動いてくるなわを視覚でとらえて跳ぶ…という運動に、いろんな工夫をくわえて、よりリズミカルで正確なジャンプができるように、子どもの興味をひきつけていきます。

　最初は、小波跳び。なわを動かさずに両脚で跳びます。それができたら、なわを横に振って跳んだり、縦に波のようにして跳んだりします。一回跳びができたら、なわを持っている人のほうに体を向けて、少し揺らしたなわを連続で跳びます。

　「いち、にい、さん、し…」と数を数えて、10回ぐらい続けて跳べるようになったら、次の人に代わります。

　子どもは、小波跳びができるようになると、どんどん跳びたがります。このなわ跳びあそびのなかで、順番を守ることや、みんなでいっしょに遊ぶこと、なわに足をひっかけて失敗しても、何度も跳んでみようと思う気持ち、互いを思いやる気持ちなど、ルールを守って遊ぶ方法を考えながらコミュニケーションの仕方を学んでいきます。

　なかなか、あそびの輪に加われない子どもは、両脚ジャンプが身についていないせいかもしれません。そんな子どもがいるときは、模倣跳びや、クモの巣渡りなどをたくさんやって、みんなが遊びながら両脚ジャンプや、視覚でなわをとらえて跳ぶ力を身につけられるように援助してあげてください。

　長なわ跳びができるようになると、子どもの遊びの世界はグンと広がります。一つの道具を分け合いながら、遊びの形を崩したり、アレンジしたりしながら、より大きな体を使った遊びへ、世界を広げていくのです。

長なわ跳びの基本は跳躍。つま先ジャンプができないと連続で跳ぶことはむずかしい

2. 小波跳び

長なわを旋回させずに一定のリズムでゆらして跳びます。なわの動きをとらえやすいよう、最初は1回だけ跳ぶことを目標になわと向き合ってやらせますが、これでは後方から戻ってくるなわを跳ぶことはできません。持ち手の方を向き、横目でなわの動きを見ると跳べることに気づかせましょう。

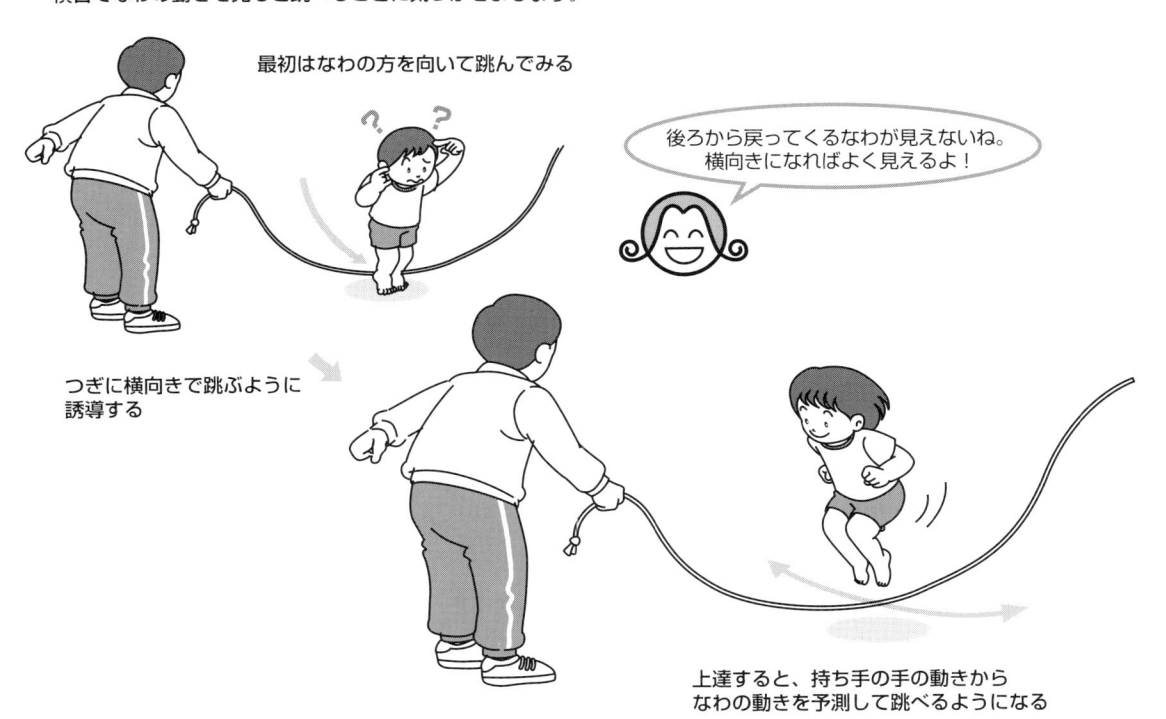

最初はなわの方を向いて跳んでみる

後ろから戻ってくるなわが見えないね。横向きになればよく見えるよ！

つぎに横向きで跳ぶように誘導する

上達すると、持ち手の手の動きからなわの動きを予測して跳べるようになる

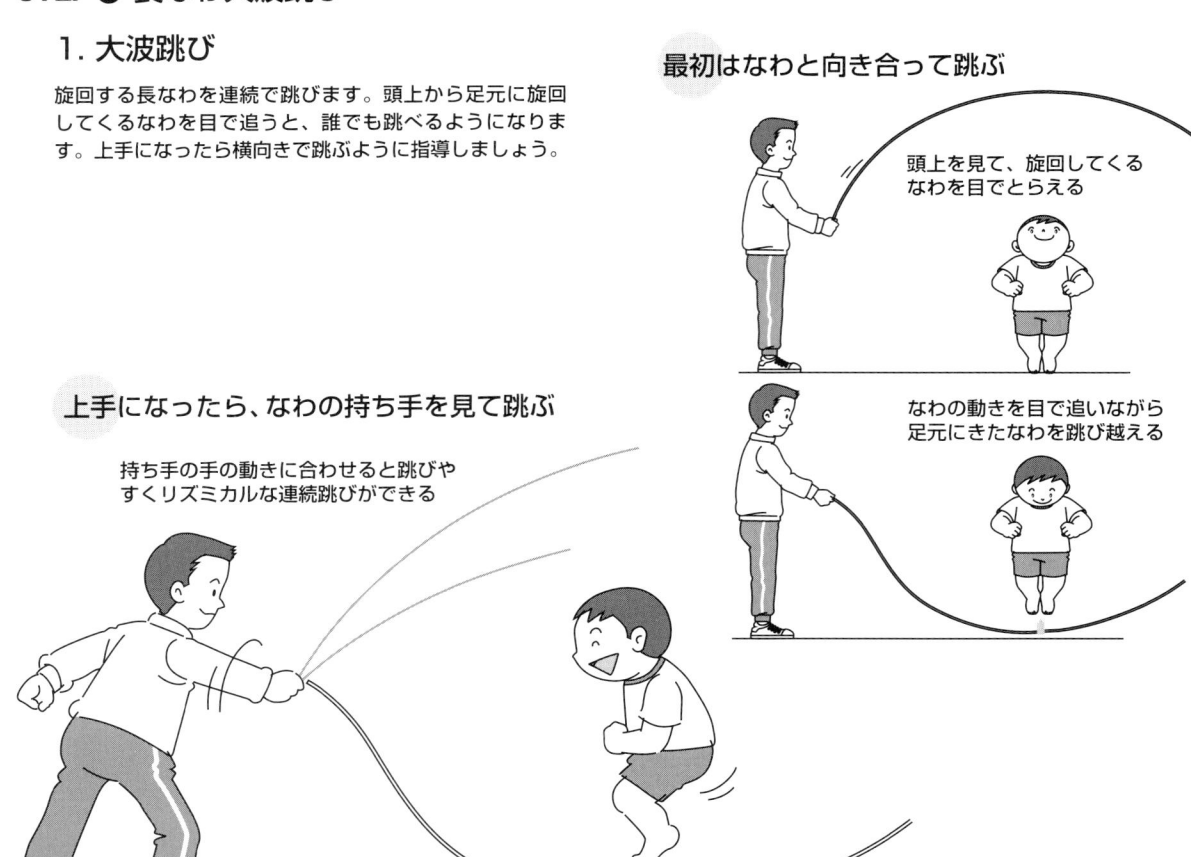

STEP ❺ 長なわ大波跳び

1. 大波跳び

旋回する長なわを連続で跳びます。頭上から足元に旋回してくるなわを目で追うと、誰でも跳べるようになります。上手になったら横向きで跳ぶように指導しましょう。

最初はなわと向き合って跳ぶ

頭上を見て、旋回してくるなわを目でとらえる

なわの動きを目で追いながら足元にきたなわを跳び越える

上手になったら、なわの持ち手を見て跳ぶ

持ち手の手の動きに合わせると跳びやすくリズミカルな連続跳びができる

短なわの前に長なわ大波跳び

　次は、大波跳びです。大波跳びは、なわを子どもの背面から正面に回し、下にきたときに跳ぶ動きです。最初は、なわを回しながら、なわの動きをよく見させて、下にきたときに一旦なわを止めて、両脚ジャンプで跳び越えるようにします。

　それができるようになったら、回している人の方を向いて跳びます。横から回ってくる縄に反応して跳べるようになると、連続跳びができるようになります。このとき、「先生はいじわるな先生になっちゃいます。いろんな回し方をするから、よ〜く目で見て、ひっかからないように跳んでごらん」といって、スピードに変化をつけたり、小波跳びを混ぜたりしながらやってみましょう。なわに対する反射能力が身につき、キャーキャーいいながら喜んであそびます。1回跳べたら2回、2回跳べたら5回、5回跳べたら10回と、連続で跳べる回数を増やしていきます。同じ調子で20回まで跳べるようになったら、マスターしたと考えてよいでしょう。

2. いじわるなわ跳び

長なわ跳びでは、指導者は子どもが跳びやすいようになわを回すものですが、あえて跳びにくく回転させ、反射能力を養います。また、子どもがしっかりなわを視ているかどうか、チェックすることもできます。

大波・小波・波越え跳びなどをランダムに組み合わせたり、なわの速度を変えたりする

3. くぐり抜けごっこ

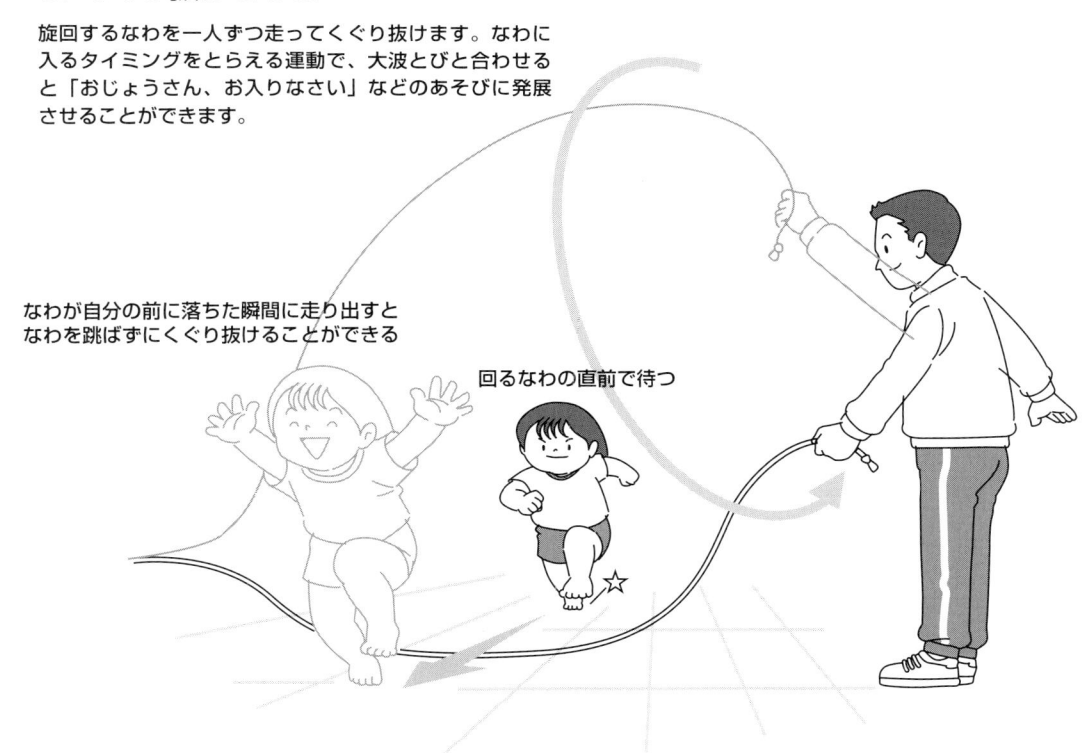

旋回するなわを一人ずつ走ってくぐり抜けます。なわに入るタイミングをとらえる運動で、大波とびと合わせると「おじょうさん、お入りなさい」などのあそびに発展させることができます。

なわが自分の前に落ちた瞬間に走り出すとなわを跳ばずにくぐり抜けることができる

回るなわの直前で待つ

短なわ跳びは
なわ跳びの総仕上げ

　長なわ跳びができるようになったら、なわ跳びの最終段階、短なわ跳びの連続跳びです。

　短なわ跳びは、「左右の脚をそろえる動作」「左右の脚をそろえ、同時に上にジャンプする動作」「自分の視覚でなわをとらえ、タイミング良く跳ぶ動作」に「自分の腕でなわを回転させる能力」を身につけることで完成します。

　まず最初は、長なわの大波跳びのとき、なわの回転に合わせて自分の腕を回す練習から始めます。頭上から回転してくるなわを視覚でとらえ、跳び上がるときに、短なわを回転させているつもりで長なわの動きに合わせて両腕を回転させます。

　これは、短なわを自分で回すためのイメージづくりでもあります。頭のなかで動きを想像できることが、どんな運動のときも大切です。

　次に、短なわを回転させることに慣れるため、短なわを二つ折りにして水車のように、またプロペラのように回します。短なわの長さは、足で押さえて持ち手が肩の高さに来るぐらいが適当です。

　ただし、幼児期の子どもは手首の発達が未熟なため、手首でなわを回すことができません。ひじ、または肩を中心とした大きめな回転動作になります。無理に手首の回転動作をさせないように注意してください。

　次の段階は、短なわを持って下まで回転させる動きに入ります。足元までなわを回したら、一旦止めて目で確認して跳び越します。

　それができたら、なわを止めずに一回跳び。一回できたら2回跳び、5回、10回と連続して跳べるように、練習していきましょう。

STEP ❼ 短なわ跳び

1. 腕を回しながら大波跳び

長なわの動きに合わせて腕を回す真似をします。腕の回転とジャンプのタイミングをつかむ運動です。

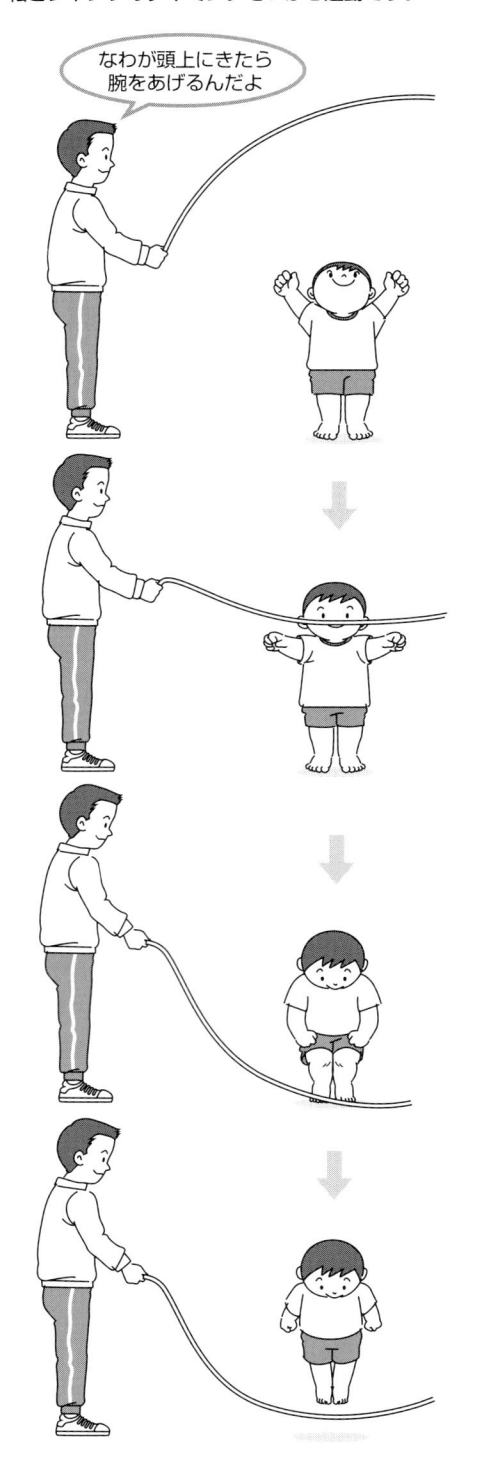

2. なわを持って「後ろ → 頭上 → 前」へ回し、足元で止めて跳び越える

誰でも跳ぶことができますが、10歳くらいまでは手根骨が発達しないので、なわを手首で回すことはできません。無理なフォームは骨の正常な発達を疎外しますので注意しましょう。

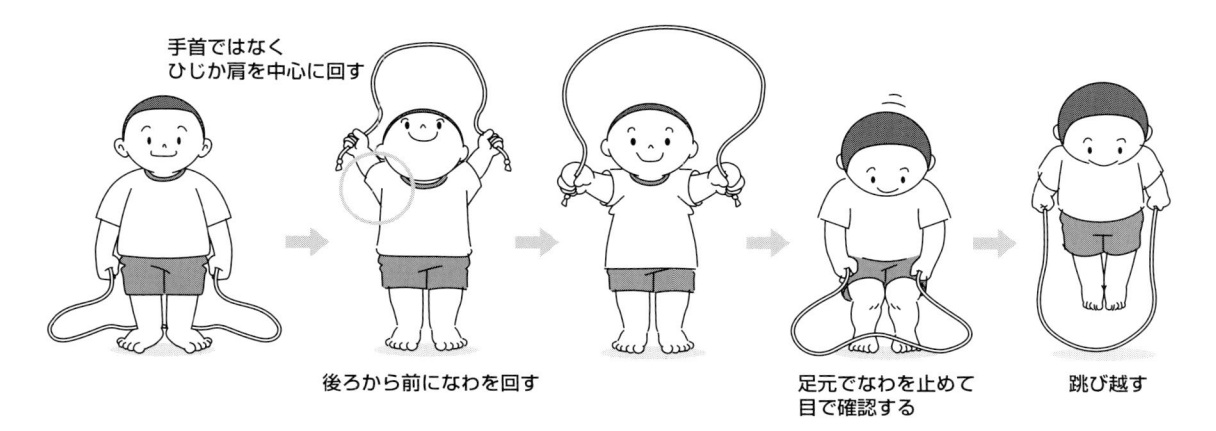

手首ではなく
ひじか肩を中心に回す

後ろから前になわを回す　　　足元でなわを止めて　　　跳び越す
　　　　　　　　　　　　　　目で確認する

3. なわを止めないで跳び越える

なわを止めずに跳べれば、短なわ跳び（一回旋二跳躍跳び）完成まであと一歩。あせらずにゆっくり練習しましょう。

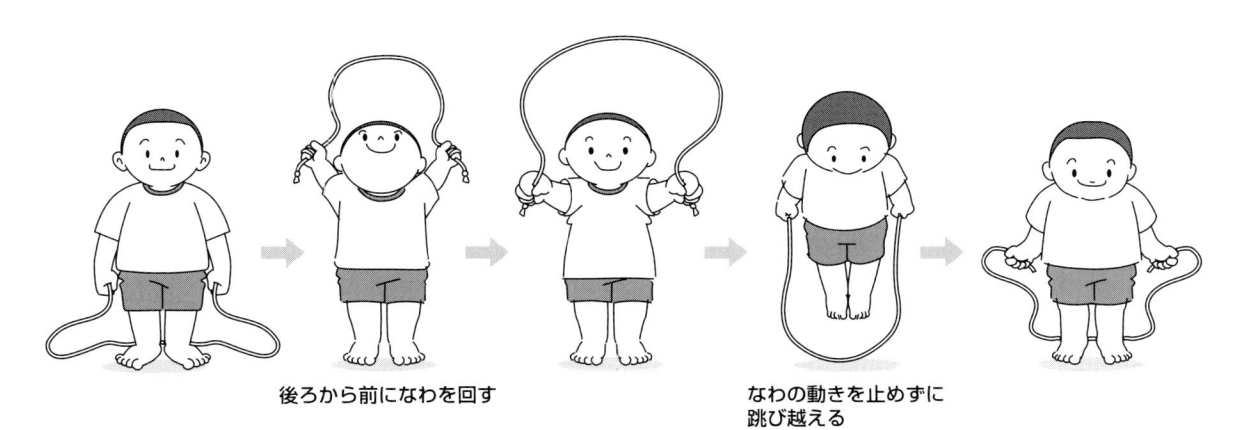

後ろから前になわを回す　　　なわの動きを止めずに
　　　　　　　　　　　　　　跳び越える

4. 連続して跳ぶ

3の動きをリズミカルに連続させると、一回旋二跳躍跳びの完成です。

短なわ跳びの指導のポイント

幼児は手首でなわを回せない
無理に行わせると発達に悪影響も

　さまざまな運動保育の指導書に、「手首を中心になわを回転させる」ということが書かれていますが、よく子どもたちの姿を見ていると、この時期の子どもたちは、大人のように手首をグルグル回すことができず、ひじや肩を中心に、なわを回しています。

　子どもたちに手首を回させてみてください。大人のようになめらかに回すことができず、ゴツゴツとした動きしかできません。

　これは、手首の関節が未発達であることと関係しています。手首のスムーズな動きを支える手根骨は、全部で8つの小さな骨の組み合わせですが、3～4歳児では4個、5歳児で5個しかありません。最後の豆状骨が表れるのは10歳です。したがって手根骨全体を連結している靱帯も、10歳以降でないと連結されないということになります。

　つまり、5歳児の段階で、短なわ跳びの手首を中心にした回転は不可能だということになります。子どもがなわを手首で回せないからといって、劣っているわけではありません。発達上、手首をスムーズに回せないだけのことなのです。

　幼児期では、ひじを中心に円を描かせるようにしてください。

●写真上は、幼児の短なわとび。肩やひじを軸になわを回している。手首でなわを回せるようになるのは、小学校高学年（写真下）になってから

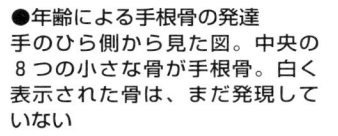

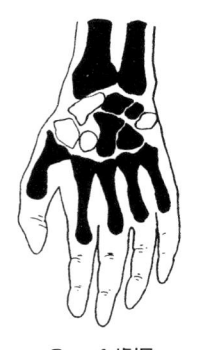

●年齢による手根骨の発達
手のひら側から見た図。中央の8つの小さな骨が手根骨。白く表示された骨は、まだ発現していない

3・4歳児　　5歳児　　10歳児

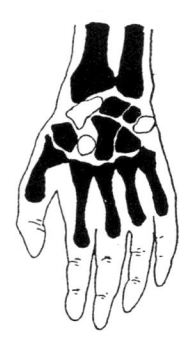

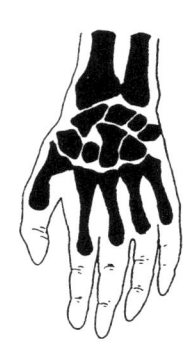

器械運動 ❸

跳び箱

● 跳躍・支持運動の積み重ねで、誰もが跳べるようになる

跳び箱が跳べると生活にも大きな自信が出てくる

　跳び箱は、保育園・幼稚園に設置されてはいても、なかなか現場で活用されていないのが現状です。しかし、「障害物を突破する」という、他の遊具ではなかなか味わえない独特な感覚があり、開脚跳び越しでは、跳躍力・支持力・タイミング良く両脚を開く能力という3つの力の組み合わせが必要となる運動を可能にする用具でもあります。

　保育者自身が、跳び箱に対して苦手意識を持っていたり、危険な用具だと思いこんでいると、幼児は跳び箱を自分の力で跳ぶという体験を知らないまま育っていきます。しかし、系統だって、段階を踏まえて跳び箱運動に移行していけば危ないことはありません。

　「障害物を自力で突破できた」という体験は、子どもたちにとって大きな自信になるばかりでなく、運動が好きな子どもに成長できる、大きな可能性を秘めた運動です。「跳べた」感覚が大きい分、跳べない子は「運動全部が苦手なんだ」と思ってしまいがちです。

　跳び箱は、系統だって必要な能力を身につけていけば、必ず全員ができる運動ですから、ぜひ、全員ができるように援助をしてあげてください。

小学校の体育授業ではお馴染みの跳び箱。できる・できないが非常にはっきりした運動なので、自意識が芽生えると失敗の恥ずかしさが先に立ち、敬遠することに。幼児期に支持力・跳躍力を十分に育てておく必要がある

年少・年中で
基礎力をしっかり身につける

　跳び箱にふれる前に、「クマさん歩き」や「カエルさん」「大きなカエルさん」などの床の上の遊びをたっぷりやって、支持力や、跳躍力、両脚をいっしょに開く能力を身につけましょう。これが、開脚跳びの基礎運動になります。

　そうした基本的な力をつけることと並行して、跳び箱に慣れる動きも取り入れていきます。跳び箱の上に登って跳び降りる動きでは、高さに慣れ、安全な着地姿勢を身につけていきます。両手をつかないように、降りたときひざを曲げて大きな音が出ないように、両脚をそろえて着地します。カラーリングなどを置いて、「ここに跳び降りてみよう」と言葉がけをしてあげると目標地点に飛び降りられるようになります。

　「跳び乗り」は、一段から始めます。助走なしで、しっかりと両脚ジャンプで踏み切り、跳び乗ってみます。この時、跳び箱が動かないように、マットの上に置くように注意してください。上手にできるようになったら、「跳び降り」と組み合わせて、やってみましょう。

　この他、跳び箱の大きさや重さを体で知って慣れていくために、準備や後かたづけも子どもたちに行わせながら、「電車ごっこ」や「お風呂ごっこ」など、楽しい遊びを取り入れていくといいでしょう。

幼児用跳び箱2段を開脚で跳ぶ年中児。支持運動を積み重ねていくと年少でも自然に跳べる子が出てくるが、この年齢では無理に跳ばせる必要はない

STEP ❶ 跳び降り

登り方は自由です。カラーリングの中に飛び降りるなどすれば、着地目標ができてより楽しくなります。

膝を曲げて着地

幼児用跳び箱3段

STEP ❷ 跳び乗り

両足を揃えて箱の前に立ち、正確なジャンプで箱の上に跳び乗ります。

膝を曲げて着地

両足をそろえて
つま先でジャンプ

幼児用跳び箱2〜3段

STEP ❸ 跳び越し

両足をそろえて箱の前に立ち、正確なジャンプで跳び越します。この段階の応用として、片足踏み越しや手つき跳び越しを行ってもよいでしょう。

両脚をそろえてつま先でジャンプ

膝を曲げて着地

幼児用跳び箱1段

応用　片足踏み越し

軽く助走をつけて踏み越します。

応用　手つき跳び越し

箱上に手をついて脚を振り上げ、身体の向きを変えながら向こう側に着地し

床上のカエルができれば跳び箱が跳べる

跳び箱の開脚跳びができるために大事なことは、手をつく位置や手のつき方、両脚を同時に開く動きを身につけることです。開脚跳び越しができない子どもは、着手の幅が広いために脚が腕にひっかかったり、両脚を同時に開くことができない、というケースがほとんどです。この動きは、子どもにとって意外にむずかしい動きでもありますから、跳び箱に入る前に、しっかりおさらいしておきましょう。

まずは床に肩幅ぐらいの幅に2本のテープをはり、「この線のなかに手をついてね。カエルさんは脚が長いから外に出てしまいます」と言ってから「カエルさん」をやります。この模倣遊びをたくさんやりながら「大きなカエルさん」で前方により体重をかけ、両脚を同時に開く動きに移行します。両脚で前方に蹴りだす動き、腕から肩にかけての支持力で体重を支える力、両脚を同時に開く能力が身についてくれば、開脚跳びは自然にできます。

床上のカエルを再度行い、手足の位置を確かめる

! ONE POINT

跳び箱にひと工夫 楽しく手足の位置を身につけよう

跳び箱の上にチョークでカニの絵を描きます。「上を跳び越すとき、カニさんが怖くないように、目隠しをしてあげます。そして脚はハサミの上に置こうね」と言って、着手の位置を「カニさんの目」にもっていくようにします。まず、着手の位置を正しく指定してあげることが、開脚跳びの第一歩です。

次に、開脚した足をハサミのところに持ってきます。これが「小さなカエル乗り」。最初は、手を意識すると脚がバラバラになったりしますが、「カニさん」の絵があることで、楽しんで何度もやります。

目隠しをする前に、子どもたちを床に寝かせて「お目目をしっかり開けてね」といって子どもの上を歩き回ると、子どもたちはキャーキャー言って怖がります。次に「じゃあ、しっかりお目目をつむっててください」といって子どもをまたいで行くと、怖がりません。そのときに「ね、目をつむってると怖くないでしょう」と言って、カニさんの目隠しが大事なことを教えてあげます。

子どもの目線、子どもの気持ちになって、現場でどんどんアレンジしていってください。

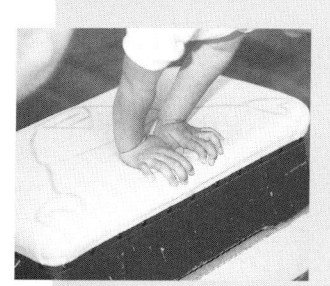

●カニの目には手、ハサミに足をつくようにする

STEP ❹ 床上のカエル

支持運動 STEP6 の大きなカエルさんと同じですが、実際に跳び箱を使う前に再度実施し、手足の位置などを思い出しておきましょう。

大きなカエルさん、覚えてる？
手足はどこにつくんだっけ

STEP ❺ 小さなカエル乗り

両足で踏み切り、箱上に手をついたら腰を落とした状態で箱の上にかがみ込みます。

膝を曲げ腰を落とす

足は手の外側につく

幼児用跳び箱2〜3段

前から見たところ

STEP ❻ 大きなカエル乗り

両足で踏み切り、手をついたら腰を上げ、膝を伸ばした状態でとまります。

膝を曲げない

足は手の外側につく

幼児用跳び箱2〜3段

前から見たところ

自然にできる開脚跳び越し

子どもの開脚跳び越しは、最初は助走せずに始めます。跳び箱の前に立って、両手を「カニさんの目隠し」の位置に置き、カエルさんの要領で腕を突っ張り、体重を前にかけて、両脚を同時に開けば跳び越しできます。着手のところから「1、2、3」とはずみをつけてあげるとリズム感がでますよ。

支持運動STEP6 大きなカエルさんから連続して開脚跳び越しをする。踏み切るときの緊張感が消える

STEP ❼ 開脚跳び越し

ほとんどの子どもは大きなカエル乗りができると、特に指導がなくても開脚跳び越しができるようになってしまいます。安全に配慮しながら跳び箱を楽しみましょう。

幼児用跳び箱2〜3段

応用 カエルのひと休み

苦手な子どもがいる場合には、開脚跳び越しに移る前に「カエルのひと休み」をやらせてみましょう。開脚跳び腰の失敗でよく見る体勢ですが、あえてやらせることで恐怖心や苦手意識を取りのぞくことができます。

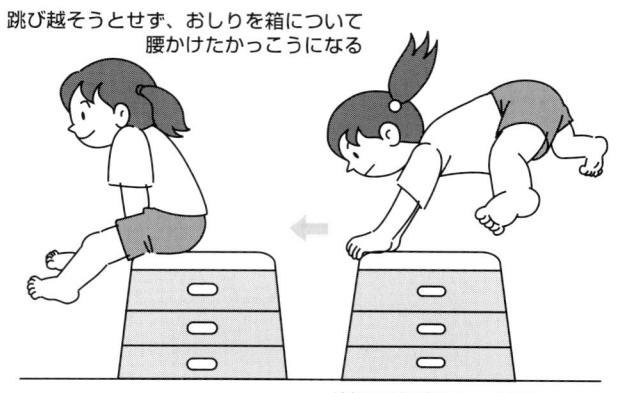

跳び越そうとせず、おしりを箱について腰かけたかっこうになる

幼児用跳び箱2〜3段

開脚跳びがじょうずになったら、連続跳びやほかの運動用具と組み合わせてサーキットあそびなどに発展させてもよい。写真は、4段の連続跳びをする年長児。2番目の跳び箱前には、安全のためマットが立てかけてある

幼児は跳び箱の縁に指をかけて跳ぶ。幼児の運動指導書でも時折「指を開いて着手」と説明されているが、10歳くらいまではこのような着手はできない。誤った指導では、どんなに苦労してもできるようにはならない

「カエルのひと休み」は、おしりを打ちつける不安をなくすのにも役立つ

跳び箱の安全確保のために

使いこなせることが安全の第一歩
適切な補助を学んでおこう

　跳び箱の開脚跳び越しを教えるとき、最初から助走をさせる指導者を多く見かけますが、これは間違いです。「勢いをつければ跳べるはず」と勘違いしているのです。

　助走から跳躍に入るときには、どうしても片足ジャンプになりやすく、また、このときに変なクセがついてしまうと、後からなかなか修正できません。また、助走から開脚跳びに入るという動きは、前方への動きを上方に変換するという大変高度な協応運動ですから、最初から助走させるのは、とても危険なことでもあるのです。

　開脚跳びの第一歩は、静止の姿勢から「カニさんの目隠し」で正しい位置に手をつき、支持姿勢でしっかりと体重を支えて、開脚させて跳ぶことから始めてください。支持力がしっかりと身についていれば、これで開脚跳びはできます。

　これが十分にできるようになったら、その延長に軽い助走を加えてもいいですが、無理にさせる必要はありません。したがって、踏切板を使うこともありません。

　跳べない子どもに向かって「もっと遠くから走ってきてごらん」とか「もっと勢いよく走ってごらん」などと言って助走をさせても、危険が増すだけで、けっして跳べるようにはなりません。

　補助の仕方は、危険をさけるための補助と、跳べない子どもの補助の2通りがあります。危険をさける補助は、跳べる子が勢いあまって頭から突っ込まないようにすることです。このときは、子どもの左または右側前方に立って、跳びこんできた子どもの顔を上げさせてやります。頭を上に上

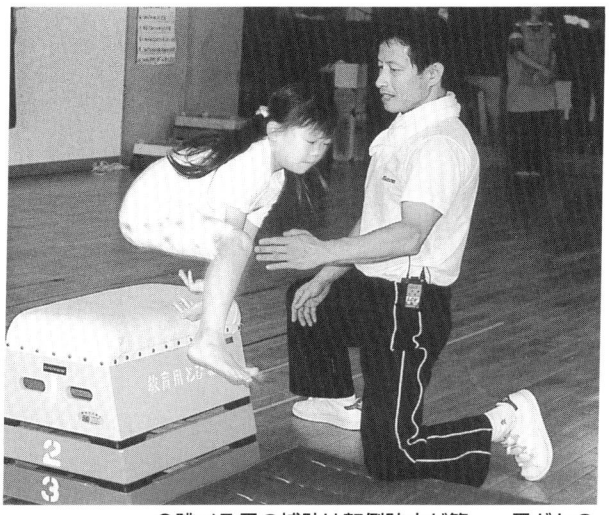

●跳べる子の補助は転倒防止が第一。子どもの胸に手を添えてやると、前方への転倒が防げる

げさせるために、子どもの胸に軽く手をそえ、支えてあげてください。怖がっている子も、先生が前にいるというだけで安心して跳べるので、必ず、子どもの視界に入るところで、子どもの目をしっかりと見て「大丈夫」というアイコンタクトをしてあげましょう。

　2つめの、できない子どもの補助は、いくら跳ばせようとしても無理ですから、「クマさん歩き」に戻って、しっかりと支持姿勢を身につけさせてあげるところからやってください。

　また、幼児期には3段以上の跳び箱を跳ばせる必要はありません。できる子は、どんどん高い段を跳びたがりますが、運動選手を育成するのが目標ではありませんから、あくまで、全員が跳べるようになることをめざしましょう。そして、連続して跳ぶときには、一人ずつ間隔をあけて、行わせるように注意してください。

器械運動 ❹ 鉄　　棒

●苦手意識が芽生える前に、逆上がりを身につけておく

いろいろな力が必要な鉄棒運動

　鉄棒には、懸垂力・支持力・回転感覚・逆さ感覚の4つの能力が必要になります。鉄棒に入る前に、渡り棒や登り棒などの固定遊具でたくさんあそんで、基本的な懸垂力や支持力を身につけさせることが大切です。

　幼児期の鉄棒は、運動能力の高い子は、すぐに取り組めるのですが、運動能力の低い子にとっては、とてもむずかしい運動です。また、低鉄棒であっても足を地面から離して行うので大きなケガに結びつきやすい危険があり、現在は幼児教育の現場でも敬遠されがちです。

　しかし、人生のなかで、いちばん身軽な幼児期にこそ、鉄棒をやるチャンスでもあります。この時期を逃すと、からだはどんどん重たくなり、できなくなってしまうからです。

　自分のからだを自分の力でコントロールし、空間での動きが自由にできるようにすること。このことがいちばん大切だと考えています。鉄棒ができるようになると、子どもたちの世界観が広がり、生活に自信が出てきます。そして、からだを使ったあそびが、どんどんダイナミックになっていきます。

　幼児期の子どもたちは、立体的に高低へ移動する遊びが大好きです。「高さを征服する」という感覚は、この時期の子どもに特有の感覚でもありますが、3歳から6歳の胸部発達期に、鉄棒のような上半身をたっぷり使う運動をすることが、中枢神経系の発達のためにも、とても重要です。

ぶら下がる、跳びつく、逆さになる、回転する…鉄棒はいろいろな動きをつかった高度な運動。それだけにできたときのよろこびも大きい

まずは支持力と懸垂力を使った「すずめさん」

鉄棒運動の最初は、腕の力で鉄棒の上で体を支える運動の「跳び上がり」「すずめさん」「後ろ振り跳び」から始めます。このなかで、いちばん重要なのが「すずめさん」です。

この運動では、自分の体重を足ではなく、腕で支えます。「クマさん歩き」などと同じ腕の外側にある上腕三頭筋が使われます。ひじを張って腕を伸ばすときに使う筋肉です。

「すずめさん」のとき、できない子どもは背中が丸まって地面を見てしまいますが、この時、「顔を上に上げて胸を張ってごらん」と言ってあげましょう。下を向くというのは自信がない心の表れでもあります。腕を伸ばし、胸を張り、顔を上に上げたときから、子どもには目に見えない「自信」が生まれているはずです。

「すずめさん」ができたら、脚を振って後ろに着地する「後ろ振り跳び」に移行します。

STEP ❶ 跳び上がり

鉄棒をにぎって跳び上がり、腕の力を使ってからだを鉄棒にのせます。

順手でにぎる

腕を伸ばしてからだを支える

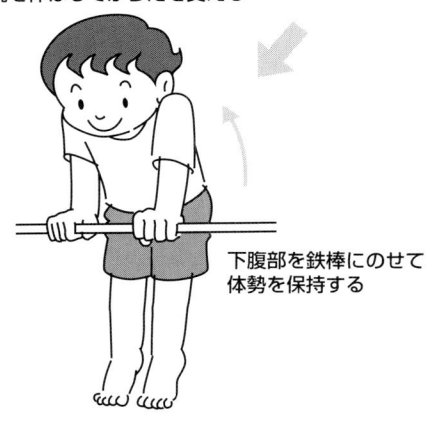

下腹部を鉄棒にのせて体勢を保持する

STEP ❷ すずめさん

STEP1の跳び上がりから、からだを反らせるとすずめさんになります。あごを上げて空を見るようにすると、自然にからだを反らすことができます。

あごを上げて空を見る

腕をしっかり伸ばす

両脚とつま先を揃えて反らす

すずめさんの悪い例

地面を見たり、腕を曲げてしまうとからだを反らすことができない

STEP ❸ 後ろ振り跳び

STEP2のすずめさんから、脚で反動をつけ、後方に跳び降ります。

STEP ❹ ぶたの丸焼き

地面を見ることを恐れる子もいますが、これができないと安定したぶら下がりができず、以後の運動が困難になります。子どもの力に合わせて、ていねいな指導が必要です。

順手でにぎる

鉄棒をつかみ、柱に足をついて登る

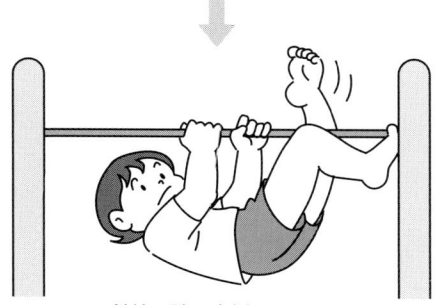

鉄棒に膝の裏側をかける

腕を伸ばす

顔は地面に向ける

ぶたの丸焼きをする年長児。安全のために鉄棒下にマットを敷くようにするが、基礎運動の十分な積み上げで腕の力がついているので、安定したフォームが維持でき、援助者も安心して見ていられる

逆さ感覚が身につくと鉄棒への怖さがなくなる

次は、頭が脚より下に来る「逆さ感覚」の運動です。なかでも子どもに人気なのが「ぶたの丸焼き」。低鉄棒の柱を伝って両手・両脚で鉄棒にぶら下がる運動です。最初のうちは怖がって背中も丸まっていますが、「地面を見てごらん」と言って、あごを開かせるようにすると、腕や背中も伸び、きれいな姿勢ができるようになります。

「ぶたの丸焼き」ができたら「こうもり」もやってみましょう。

両手・両脚を鉄棒にからめたぶら下がりができたら、次は、片手を離して「さるのジャンケン」や「さるのお絵かき」などもやってみましょう。相手の顔を見る、地面を見るということが遊びながら身についていけば、自然に恐怖心もなくなり「逆さ感覚」が身についてきます。

STEP ❺ さるのジャンケン

STEP4のぶたの丸焼きから片手を離して、ジャンケンごっこであそびます。ここでも、顔を地面に向けることがポイントになります。

「ジャンケンポン！」

屋外の鉄棒を使うなら、STEP5のさるのジャンケンのアレンジ「さるのお絵描き」も楽しい。地面に思い思いの絵を描いてあそぶ

STEP ❻ こうもり

両手で鉄棒をにぎり、腕の間から両脚を鉄棒にかけてぶら下がります。

順手でにぎる

あごを開き地面を見ると、重心が後方にきて腕が伸び、バランスがとりやすい

「えんとつ」は、「こうもり」の姿勢から脚や腰を伸ばして、より強い腕の力でからだを支える運動です。脚の支えがなくなるので、かなり懸垂力が必要になりますが、恐怖心がなくなって、握る力もついてくれば、できるようになります。

次は、いよいよ「回転感覚」。最初は「こうもり」から回転する「両脚抜き回り」から始めます。最後まで手を鉄棒から離さないように、地面をしっかり見てあごを開くように注意してあげましょう。

STEP ❼ えんとつ

STEP6のこうもりからゆっくりと脚を伸ばし、からだを十分に反らして静止します。

あごを閉じてしまうとバランスを崩し失敗する

年長児のえんとつ。かなり難度が高いので、これまでの運動が確実にできるかどうか見極めてから行う

STEP ❽ 両脚抜き回り降り

STEP6のこうもりの両脚を鉄棒から離し、伸ばしながら前方に下げていくと、からだが自然に回転し鉄棒から降りることができます。

STEP ❾ 地球回り

STEP6のこうもりから両手を交差させ、片逆手に持ち替えます。脚を鉄棒から離すと身体が自然に半回転します。

手の間隔は開けない

両手を脚の間に移し、交差させる

しっかりと地面を見ながら、脚を鉄棒から離して伸ばす

脚の形を保持すると、自然に回転する

STEP ⓫ 逆上がり

できない子が急増している逆上がりに挑戦です。支持力がついていれば、すぐにできるようになります。最後までひじを曲げ、からだをしっかりと鉄棒に引きつけておくことがポイントです。腕が伸びてしまうと絶対に上がることはできません

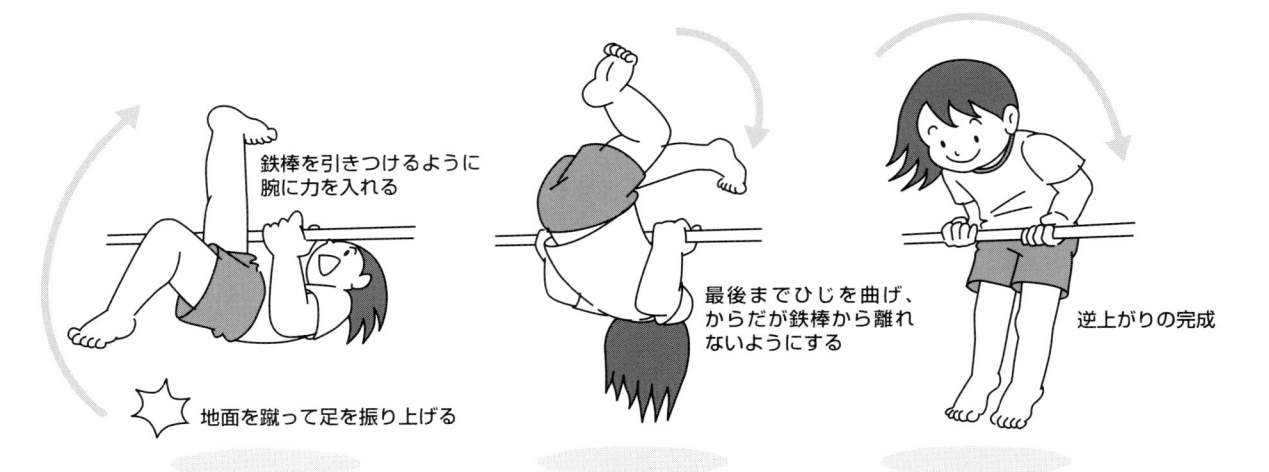

鉄棒のにぎり方

逆手でにぎる

逆上がりの構え方

ひじを曲げてからだを鉄棒に引き寄せる

足は鉄棒より前に出す

鉄棒を引きつけるように腕に力を入れる

地面を蹴って足を振り上げる

最後までひじを曲げ、からだが鉄棒から離れないようにする

逆上がりの完成

STEP ⑩ 脚かけ振り

STEP6のこうもりから片脚を抜いて、からだを前後に振ります。

腕を曲げると、からだを振ることができない

鉄棒から抜いた脚を伸ばし、反動をつける

STEP ⑫ 脚かけ振り上がり

STEP10の脚かけ振りから勢いをつけて、鉄棒に上がります。

腕を曲げると回転することができない

鉄棒運動の基本は「逆上がり」より「足かけ振り上がり」

　回転感覚にもいろいろあって、「横に回る」という感覚もあります。この感覚を身につけるには「地球回り」という遊びがぴったりです。「こうもり」の姿勢から手をひざの内側に入れてクロスさせ、下側の握りは逆手にします。その姿勢から地面を見て、ひざを伸ばすと自然にクルッと半回転。コツは、しっかりと腕を伸ばして地面を見ることです。

　次は、自分の脚を振る反動で鉄棒の上に乗る運動「足かけ振り」から「足かけ振り上がり」への動きです。「足かけ振り上がり」は、懸垂力・逆さ感覚・回転感覚・支持力の４つの力が必要になる運動で、この運動こそが鉄棒運動の基本です。片足をかけ、伸ばした足を大きく振って反動をつけます。どんどん大きく振れるように遊ぶことが大事です。これができるようになると、あとは支持力でグイッと鉄棒の上まで上がれるようになります。

　鉄棒の最終種目「逆上がり」は、懸垂力さえ身についていれば、あとは今までやってきたことの組み合わせです。腕を曲げ、逆手に握って脚を前後に開いた姿勢が基本です。子どもは、脚で踏み切ることに気を取られてしまうと、腕がだらんと伸びてしまいますが、最後まで絶対に腕を伸ばさないように、上腕二頭筋でブロックすることを指導してください。もう一歩という子には、お尻を支えてあげる補助をしてください。

　腕の力が弱い子は、腕を曲げたままでぶら下がる遊びをたくさんやって、しっかりと懸垂力をつけさせてあげることをやってください。必ずできるようになります。

鉄棒運動指導のポイント

小さな子どもの手
渡り棒・鉄棒はどう握らせたらいい？

　子どもたちが渡り棒にぶら下がっているところを見ると、ほとんどの子どもが「猿手」という握り方になっています。これは、まだ手が小さいので、大人のように親指を下に回してつかむことができないからです。

　でも、幼児なら、この握り方で十分です。

　体操競技の女子の種目に「段違い平行棒」がありますが、これは鉄棒より太い棒を使います。このとき、注意してみていると、握り方は子どもたちと同じ「猿手」になっています。

　棒を握ったとき、人さし指が親指の第一関節までとどくと力が入りますが、これが鉄棒でできるようになるのは小学校3年生ぐらいです。幼児にはまだ無理なのです。

　鉄棒を握ったとき、手首からひじにかけての外側の筋肉を育てるのが大事ですから、「猿手」でいいので、たくさんぶら下がり遊びをやらせてください。

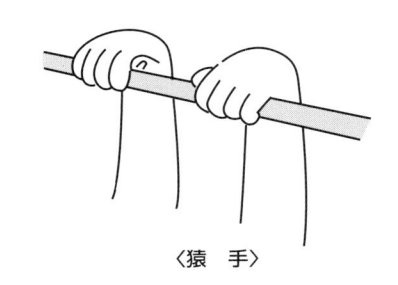

〈猿　手〉

●大人には危なっかしく見えるが、まったく問題はない。子どもたちは猿手で鉄棒にぶら下がり、どんどん上達していく

渡り棒にひと工夫
休憩場所をつくってあげよう

　渡り棒の真ん中あたりに、古タイヤを3段ぐらい重ねて「休憩場所」をつくってみてください。端から端までを渡るのはけっこう大変です。ここでひと休みできれば、ちょっと不安な子も積極的に渡るようになります。

　タイヤに登って途中から始めることもできるし、ぶら下がったときに足がつくというのは安心です。背の小さな年少児でも安心して渡り棒ができます。

●渡り棒の途中に古タイヤで島をつくる。「休もうかな？　それとも最後まで行っちゃおうかな？」

[実践事例]　プログラムにひと工夫 3

子どもたちと一緒につくった運動あそび

長野県下諏訪町立下諏訪第二保育園では、「柳沢運動プログラム」にリズム運動や集団あそびなどを組み入れながら、年間をとおして計画的に子どもの運動あそびを行っています。ここでは、下諏訪第二保育園の「運動あそびの年間見通し表」と、「柳沢運動プログラム」の運動を基本に、先生と子どもたちで一緒につくりあげた「運動あそび」を紹介します。「運動あそび」は、子どもたちが運動用具でのあそびをある程度身につけた時期、秋の運動会直後に実施されたものです。

●年少児　運動あそびの年間見通し表

育てたい力	1. 両脚でジャンプする力	2. 腕の支持力
リズム運動	●うさぎ 　◎つま先でジャンプ 　◎両足で前後左右に跳ぶ	●うま ●高うま ●ワニ
マット	●うさぎ ●カエル	●くま ●パンダ ●片足くま ●カエル ●アザラシ
運動棒 な　わ	●運動棒を跳び越える ●なわを並べて跳び越える 　◎なわを少し高くして跳ぶ 　◎クモの巣渡り	●なわの上を四つん這い歩き ●運動棒の上を四つん這い歩き
鉄　棒 登り棒	●跳び上がり ●登り棒 　◎足と腿で挟んで登る 　◎足の裏で挟んで登る 　◎足をからめて登る	●跳び上がり 　◎自転車こぎ　◎足で拍手 　◎左右に移動 ●ツイスト ●ブランコ
とび箱	●ジャンプ降り 　◎床のリングへジャンプ 　◎着地で拍手をする 　◎コアラジャンプ ●箱をばらしてジャンプ	●よじ登る ●カエル乗り
リ　ン　グ 平　均　台 は　し　ご	●リングを並べてジャンプ ●リングでケンパ ●はしごを跳ぶ	●リングのシーソー ●平均台に座り腕で進む ●平均台の上を這う ●リング・平均台・はしごくぐり ●雑巾がけ

3. 回転する力（逆さ感覚）	4. 歩く・走る・バランス感覚
●どんぐり ●なべなべ	●とんぼ　●汽車 ●ギャロップ→スキップ ●あひる　●かめ ●ボート
●ゆりかご ●さつまいもゴロゴロ ●じゃがいもゴロゴロ	●マットの上を歩く 　◎横歩き 　◎ペンギン
	●なわの上を歩く・走る ●運動棒の上を歩く・走る ●電車ごっこ
●ぶたの丸焼き ●足抜き回り ●こうもり	
	●電　車 　◎トンネル 　◎上にのって握手

●年中児 運動あそびの年間見通し表

跳躍運動

なわ跳び

❶なわに慣れる
- ◎電車ごっこ　◎なわを結ぶ
- ◎なわを使って体操
- ◎鉄棒に結んでブランコ
- ◎インタビューごっこ

❷なわを床に置いてあそぶ
- ◎なわ渡り　　　　◎なわ走り
- ◎ジグザグ跳び　　◎開閉跳び
- ◎片足跳び　　　　◎両足跳び
- ◎動物になってなわの上を歩く

跳び箱

❶跳び箱に慣れる
- ◎電車ごっこ　◎島渡り　◎組立競争
- ◎山登り・山下り　◎トンネルくぐり

❷跳び箱から跳び降りる
- ◎両足で跳び降りる
- ◎目標物に向かって跳び降りる

鉄棒

❶鉄棒に慣れる
- ◎握ってみる

❷ぶら下がる
- ◎ツイスト　◎横に移動　◎ブランコ
- ◎右ポン左ポン　◎ボール移動

マット

❶マットに慣れる
- ◎雑巾がけ
- ◎マット転がし
- ◎マットのタクシー

❷回転あそび
- ◎ゆりかご　　　　　◎やきいもゴロゴロ
- ◎じゃがいもゴロゴロ　◎でこぼこゴロゴロ
- ◎ふたりでやきいも　◎長いも　◎にらめっこいも
- ◎ベルトコンベアー　◎なかよしおいも　◎逆さいも

平均台

❶バランス感覚

【2台の平均台で】
- ◎前歩き・横歩き　◎ハイハイ　◎友だちと手をつなぐ

【マットをかぶせて】
- ◎歩く　◎ハイハイ

リズム運動

リズミカルにからだを動かす
- ◎うさぎ　　◎スキップ
- ◎ギャロップ　◎なべなべ

リズムの変化に反応する
- ◎汽車

集団あそび

鬼ごっこ

【担任や友だちを追いかける】
- ◎追いかけっこ
- ◎しっぽとり

【ルールを守って追いかける】
- ◎○△□ゲーム
- ◎お引っ越しゲーム
- ◎手つなぎ鬼・長手つなぎ鬼

【役割を理解する】
- ◎氷鬼

❶両脚ジャンプ ……………… ❷両脚をそろえてジャンプ ……………… ❸つま先でジャンプ

❸なわを張る ……………… ❹長なわを跳ぶ
- ◎くぐり抜け
- ◎うさぎ跳び
- ◎走り高跳び
- ◎クモの巣渡り
- ◎波越え跳び
- ◎小波跳び　◎大波跳び
- ◎郵便屋さんの落とし物
- ◎クマさん

❸跳び乗り …… ❹跳び越し …… ❺床上のカエル …… ❻小さいカエル …… ❼大きいカエル

❸支持力 ……………… ❹逆さ感覚 ……………… ❺回転感覚
- ◎足で拍手　◎すずめさん　◎後ろ跳び降り
- ◎跳び上がり　◎空中ランニング　◎布団干し
- ◎ぶたの丸焼き　◎さるのジャンケン
- ◎コウモリ　◎えんとつ
- ◎両足抜き
- ◎地球回り

❸支持あそび
- ❶犬歩き　❷クマ歩き　❸カエルとび
- ❹片足クマ　❺カエルの足打ち　❻足ジャンケン
- ❼アザラシ　❽尺取り虫　❾手押し車

❷腕の支持力・瞬発力
- ◎両手をついて片足ずつまたいで跳び越す
- ◎両手をついて一気に跳び越す

【1台の平均台で】
- ◎前歩き・横歩き　◎障害物を乗り越える

……… バランスよくからだを動かす ……… 足先を意識する
- ◎とんぼ　◎かめ
- ◎わに　◎うま・高うま　◎どんぐり

……… 集団ゲーム ……………………………… わらべうた
【ジャンケンを楽しむ】
- ◎開戦ドン　◎へびジャンケン
- ◎ジャンケン汽車　◎おれは大蛇
- ◎うずまきジャンケン

【ルールを理解して楽しむ】
- ◎フルーツバスケット
- ◎いすとりゲーム
- ◎リレー

- ◎なべなべ　◎かごめかごめ
- ◎竹の子一本　◎はないちもんめ
- ◎お茶を飲みに　◎あーぶくたった
- ◎さるの腰かけ　◎からすかずのこ

●年長児　運動あそびの年間見通し表

なわ跳び

前段階のあそび
- ◎ロープエクササイズ（短なわ）
- ◎長なわを床に置いて遊ぶ
- ◎クモの巣渡り
- ◎足切りごっこ
- ◎長なわとび
- ◎くぐり抜け

なわを持つ
1. 片手で持つ
2. 両手で持つ
3. 回す
   - ◎プロペラ
   - ◎プロペラジャンプ

なわをたらして跳ぶ
1. なわを両手で持ち、たらしたままでその上を前後に二拍子で跳ぶ

跳び箱

前段階のあそび
- ◎動物ごっこ　◎おしりで進め
- ◎ミニ箱ジャンプ　◎腕立て
- ◎殿様ガエルは誰だ？

箱を使ってあそぶ
1. 汽車ごっこ
2. 組立競争
3. 山登り
4. 満員電車

箱から跳び降りる
1. 両足降り
2. フープ、タンバリンを使って
3. 手打ち・足打ち
4. ターン降り　5. 腰かけ跳び

鉄　棒

前段階のあそび
- ◎くまさん歩き　◎手押し車
- ◎おとしっこ　◎ぶらさがり
- ◎自転車こぎ　◎UFOキャッチャー
- ◎ロープウェイ　◎腕で支えてとぶ
- ◎ワニの横ばい　◎カニの横ばい
- ◎キャタピラー

登り棒 ……… 渡り棒 ……… 跳び上がり

こうもり ……… えんとつ ……… 両脚抜き

マット

前段階のあそび
- ◎タクシーごっこ　◎転がりっこ
- ◎いも虫ゴロゴロ
- ◎ハイハイジャンケンゴーロゴロ
- ◎くさり前転

ゆりかご ……… やきいも ……… じゃがいも

足ジャンケン ……… アザラシ歩き

リズム運動

ジャンプ力を養う
- ◎うさぎ

支持力を養う
- ◎うま　◎わに

集団あそび

鬼ごっこ
- ◎○△□　◎氷鬼
- ◎お引っ越し　◎高鬼
- ◎手つなぎ鬼　◎色鬼
- ◎長手つなぎ鬼　◎影踏み
- ◎開戦ドン　◎グーチョキパー
- ◎ネコとネズミ

集団ゲーム
- ◎ジャンケン汽車　◎オレは大蛇だ
- ◎へびジャンケン　◎お誕生日仲間
- ◎しっぽ取り　◎ラウンドチェーン
- ◎イス取りゲーム　◎ジャンケントレーニング
- ◎フルーツバスケット
- ◎青い小鳥　◎うずまきジャンケン

┈┈ なわを動かす ┈┈┈ その場跳び ┈┈┈ なわを止めて跳ぶ ┈┈┈ なわを止めずに跳ぶ ┈┈┈ なわ跳びの完成

❶ 前方→後方、後方→前方へなわを動かす
❶ なわを前後に振りその場跳び
❶ なわを後方→前方に回し、足元で止めて跳び越える
❶ なわを後方→前方へ回し、止めずに跳ぶ
❶ 一回旋一跳躍跳び
❷ 二拍子でその場跳び
❷ なわを前方→後方→前方に動かし、止めずに跳ぶ
❷ 一回旋二跳躍跳び
❸ 連続でその場跳び
❸ 走り跳び

┈┈ 跳び乗り ┈┈┈┈┈┈ 床上のカエル ┈┈┈┈┈┈ 小さいカエル乗り ┈┈

┈ 大きいカエル乗り ┈┈┈┈ カエルのひと休み ┈┈┈┈ 開脚跳び越し

┈┈ すずめさん ┈┈┈ 後ろ跳び降り ┈┈┈ ぶたの丸焼き ┈┈┈ さるのジャンケン ┈

┈┈ 地球回り ┈┈┈ 足かけ振り上がり ┈┈┈┈ 逆上がり ┈┈┈┈ 脚かけ回り

┈┈ 犬歩き ┈┈┈ クマ歩き ┈┈┈ カエル跳び ┈┈┈ 片足クマさん ┈┈┈ カエルの足打ち ┈

┈┈ 尺取り虫 ┈┈┈ 手押し車 ┈┈┈ ヒヨコ逆立ち ┈┈┈ 前　転 ┈┈┈ 側　転

回転力を養う
◎ どんぐり　◎ なべなべ

歩く・走る・バランス
◎ スキップ　◎ とんぼ

ボールあそび
◎ ゴロゴロドカーン　◎ 人間ボーリング
◎ バウンドボール　◎ 転がしドッジボール
◎ ジグザグボール　◎ サッカーごっこ
◎ パス＆ブロック・パス＆ダッシュ
◎ ボールリレー

わらべうた
◎ 竹の子一本　◎ もぐらどんの
◎ かごめかごめ　◎ 宝あて
◎ あぶくたった　◎ ととけっこー
◎ 花いちもんめ　◎ ちびすけどっこい
◎ お茶を飲みに
◎ 海だよ川だよ

【年少児実践事例】
サイコロゲーム

入園してから6カ月、いろいろな運動用具に触れ、扱い方も慣れてきたので、リズム運動の要素を組み入れたゲームであそんでみました。動物などが描かれたサイコロを転がして、出たものになりきってリズム運動や運動用具であそびます。さて、どんな目が出るか……子どもたちの瞳が輝く、ワクワク、ドキドキのゲームになりました。

STEP 1　サイコロをふってリズム運動をしよう

　保育士がサイコロを転がし、男の子、女の子、交代で出た目の動物やものになってリズム運動を行います。サイコロに描いたのは、うさぎ、なべ（なべなべ底ぬけ）、汽車、とんぼ、アヒル、ワニの6つ。どれもふだんからリズム運動で親しんできたものばかりです。この段階では、まだ運動用具は使いません。子どもたちがゲームに入りやすいように、サイコロを転がす合図として歌をつくり、やり方をわかりやすく説明してから始めました。

　子どもたちは1回目から、どの目が出るかワクワクしながら見ています。サイコロを転がす歌を保育士と一緒に歌ったり踊ったりしながらサイコロを転がすのを待ち、出た目を自分たちで確かめたくて、いっせいにサイコロのところに駆け寄ってきます。何度かやるうちに、男の子のなかから「ぼく、転がしたい」という声が出ました。子どもたちの「転がしたい」という気持ちを高めるために、あと数回は保育士が転がし、バトンタッチすることに。

　初めてのサイコロゲームですが、合図の歌を用意したこと、全員がやり方をよく理解したことで、スムースにゲームに導入することができました。

STEP 2　子どもたちだけでやってみよう

　子どもたちがサイコロに慣れるために、部屋に置いておくことにしました。
　早く登園してきた子どもたちがサイコロを見つけ、昨日の続きを自分たちでやり始めました。サイコロを転がすときの歌を口ずさみながら、何回も「なべ」が出るので、「また出た！」と言っては笑いながらやっています。リズム運動もいつもの曲を歌いながら、なりきって動いています。

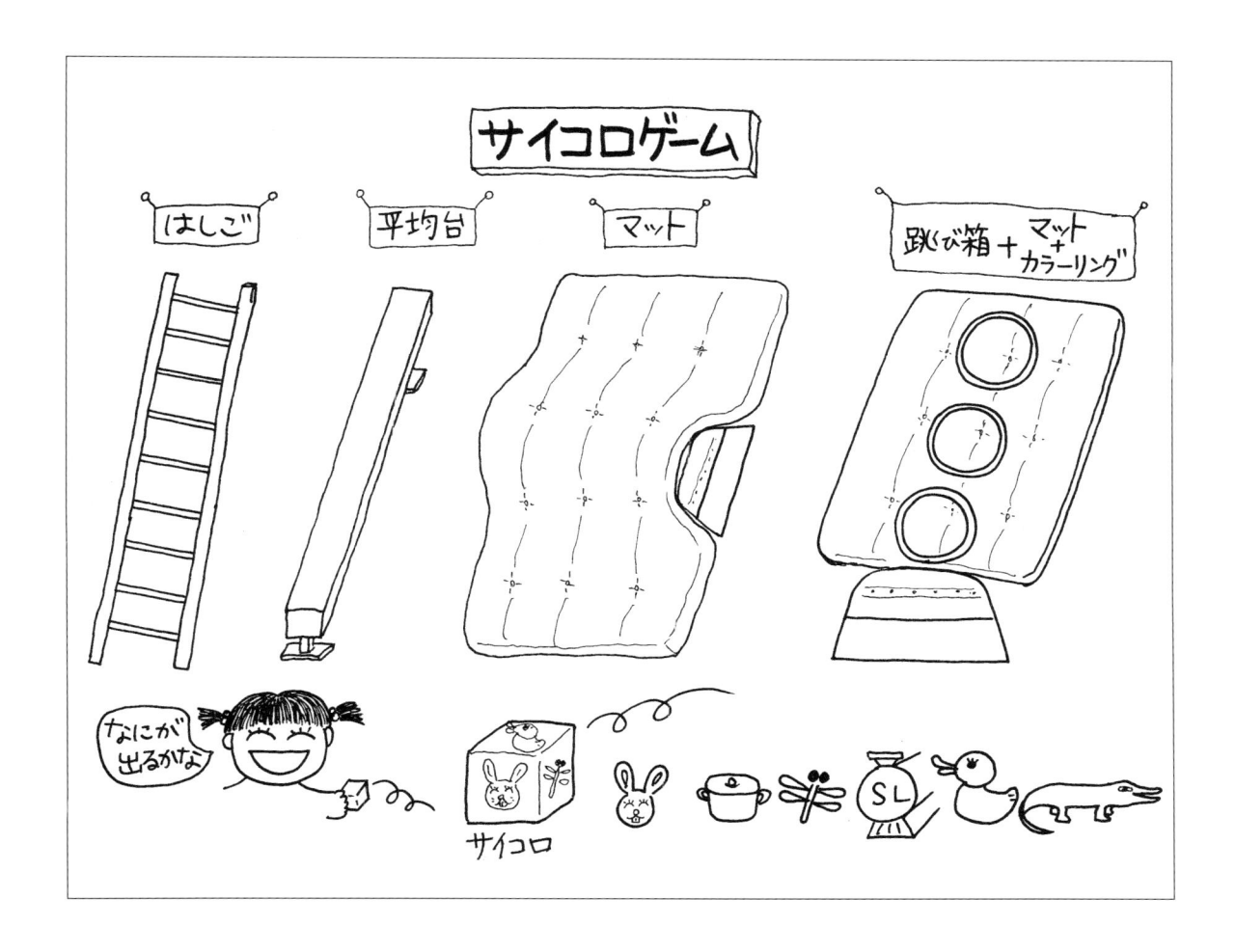

登園してきた子どものなかにも参加する子がいて、あそびの輪が広がっていきます。自分でサイコロをふることを楽しんでいるので、みんながサイコロに触れる機会をつくっていきたいと思いました。

STEP 3　　サイコロゲーム本番だよ

3日目になる今日は、園庭に出て年少3クラス合同、運動用具を使ったサイコロゲームを行います。

●準　備

①園庭にブルーシートを敷き、はしご、平均台、マット、跳び箱、カラーリングを並べる（子どもたちが準備する場合は、並べやすいように近くにまとめて置いておく）。
②サイコロ3個（1クラス1個）を転がす場所に置く。各サイコロには、各面にうさぎ、なべ、とんぼ、汽車、アヒル、ワニを描いておく。

●すすめ方

①一人ずつ、合図の歌を歌いながらサイコロを転がす。
②出た目のリズム運動をする。
③自分のあそびたい運動用具のところへ行く。
④自分の選んだ運動用具でからだを動かしてあそぶ。

　これまではリズム運動だけだったので、最初のうちはいつもと違う雰囲気にとまどっていましたが、すぐにやり方を理解して楽しくあそぶことができました。一人ずつサイコロを転がすので待ち時間が長く、飽きてしまうのではと心配でしたが、ほとんどの子どもが、サイコロを転がす歌や友だちの行うリズム運動の歌を歌いながら自分の番を心待ちにしています。ゲーム的な要素が加わったことで、ふだん運動あそびを苦手としている子もよろこんで参加してきます。休みが続いて初めてサイコロに触った子も、抵抗なくあそびに入っていけました。

　全体的に楽しくあそべたのですが、ゲームの流れのなかでリズム運動を行うと、動きのポイントがあいまいになってしまうようです。「うさぎ」でつま先ジャンプにならなかったり、「ワニ」でひじを曲げてしまったり……。とくに「とんぼ」と「汽車」は、どうしても動きが中途半端になってしまいます。別のものに差し替えるか、あるいはそれぞれのテーマ音楽を流すなどした方がやりやすいかもしれません。

　また、サイコロを転がすスペースが中途半端で、どこに向けて転がしたらいいか迷う子もいました。台を設けて、その上から転がすようにするなどの改善が必要と思われます。

「サイコロゲーム」を終えて

年少組担任：藤村由美　須田律子

　ゲーム的な要素を取り入れたことで、リズム運動と運動用具でのあそび、２つの運動の連続を抵抗感なく行うことができました。自分で用具とあそび方を選択できるため、無理なく、楽しみながらできたのではないでしょうか。

　また、これまで好きな用具だけであそんでいた子も、友だちに刺激されてほかの用具を選んでおり、興味の幅が広がったような気がします。

　保育士のちょっとした工夫や働きかけで、子どもたちの運動に対する意欲がまったく変わってくることを、今回痛切に感じました。サイコロの転がし方や目の選択、BGMなど問題点を解決しながら、もうしばらくこのあそびを続けていきたいと思います。

【年中児実践事例】
動物村の運動会

「柳沢運動プログラム」の運動あそびをベースにしたサーキットあそびです。子どもたちが秋の運動会の感想を話し合うなかから、この運動あそびが生まれました。約1カ月という時間のなかで、いろいろな問題を解決しながら、自らの手であそびをつくりあげていく子どもたち……プログラムで育てた力を使って元気に楽しくあそびます。

STEP 1　もう一度、運動会をやろうよ

給食中、運動会について楽しかったことの話で盛り上がっています。Mさんが「今度は動物村の運動会ってのをやろうよ」と言い始めました。
　子　「そうそう、野外劇（全園児での運動会種目）みたいにさ。ウサギなって跳び箱とんだり……」
　子　「ぼくはお相撲したい！」
運動会の経験から発展して、「つぎは○○したい」という気持ちが芽生えています。
保育士「いいねえ、やろうか」
　子　「やろう、やろう！」
みんなと話し合って、「動物村の運動会」づくりがスタートしました。

STEP 2　どんなふうにしてあそぼうか①

あそんでみたいもの、なりたいものをあげ、どんなふうにあそびたいか話し合いました。

●なりたいもの

ウサギ・キツネ・ネコ・リス・サル・アライグマ・チーター・ライオン・パンダ・コアラ・ヒョウ・ゾウ・クマ・ネズミ・キリン・カブトムシ・アリ・クワガタ・トンボ・カミキリムシ・チョウチョ・忍者

●どんなふうにあそぶか

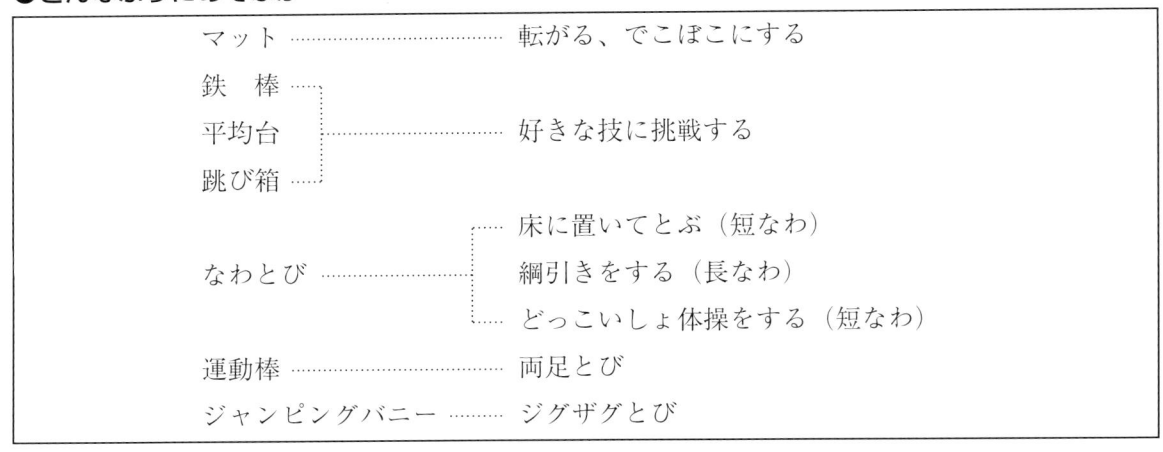

```
マット ················· 転がる、でこぼこにする
鉄　棒 ┐
平均台 ┼············· 好きな技に挑戦する
跳び箱 ┘
                  ┌ 床に置いてとぶ（短なわ）
なわとび ─────┼ 綱引きをする（長なわ）
                  └ どっこいしょ体操をする（短なわ）
運動棒 ················· 両足とび
ジャンピングバニー ········ ジグザグとび
```

お面と服を身につけてあそぶことが決まると、一部の子どもたちはさっそくお面づくりを始めました。

STEP 3　　どんなふうにしてあそぼうか②

やりたいことを図にして、再度話し合いをしました。ボールやカラーリングをやりたいという意見が出たので新たに加え、サーキットをみんなで考えました。

「鉄棒とか、並べてやりたいな」

「ええとねえ、つぎにつな引きして、最後はボール」

「ボールは新聞紙に乗せたい」

「ボールリレーにすれば？」

「どっこいしょ体操もすればちょうどいいよ」

など、いろいろなあそび方を考える子どもたちです。運動用具とあそび方が決まったところで、場所をどこにするか考えました。

「リズム室か庭だなあ」

「お庭だとマットとか汚れちゃうから、リズム室がいいよ」

という意見が出され、リズム室で行うことにしました。

運動用具を図に示したせいでしょうか。ふだんはあまり意見を言わない子も、真剣に発言しています。このゲームに対する興味の高さがうかがえます。

リズム室に出かけ、実際にやってみました。終了後、感じたことを話し合うと、「平均台がちょっと危なかった」「みんなが跳ぶと運動棒がバラバラになって困った」などの問題点が出されました。

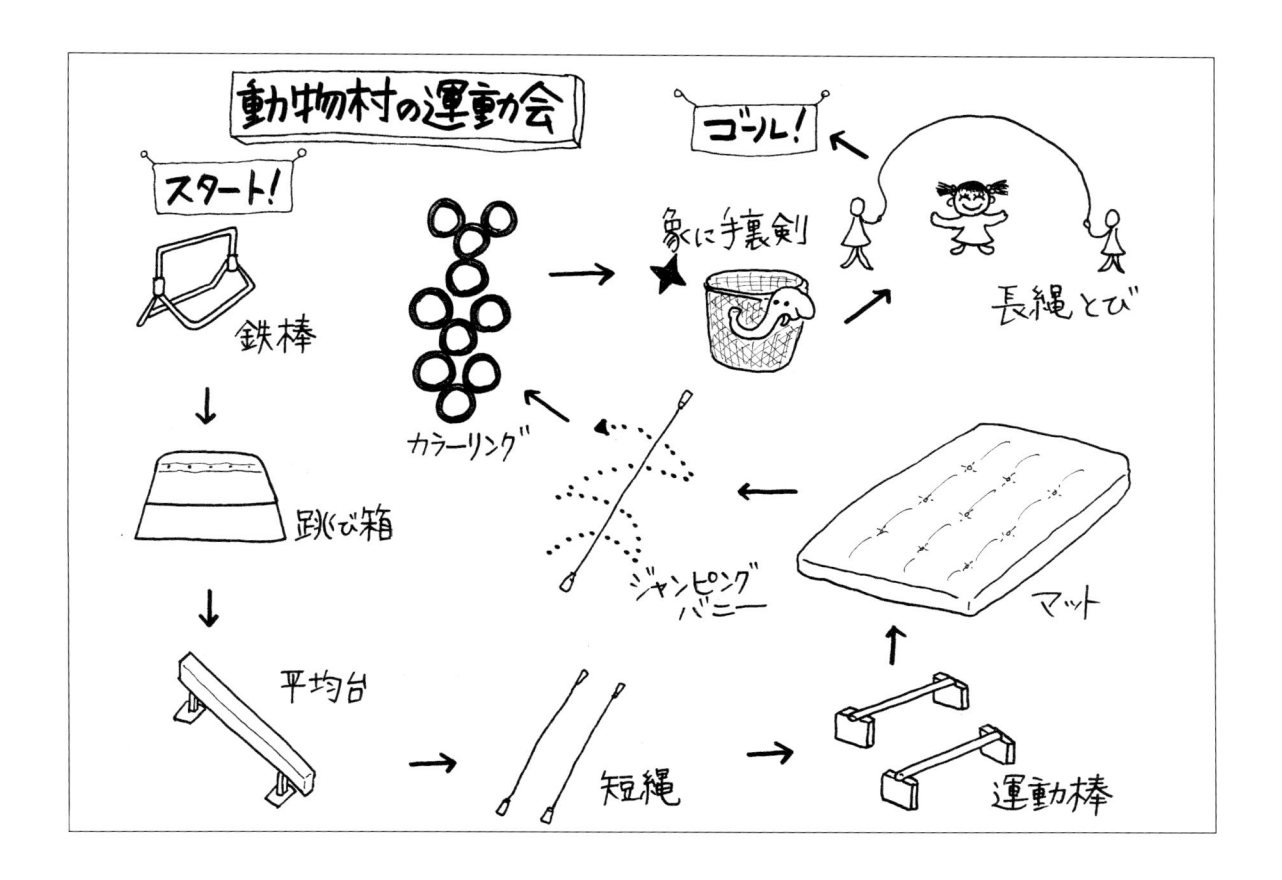

STEP 4　　　野外劇の手裏剣を使ったら？

　昨日の困ったことについて話をするうちに、違う方向へと話が盛り上がりました。
　「ゾウが悪者になって動物を踏んづけちゃえば？　先生がゾウになるの」
　「悪者がきたら忍者にやっつけてもらう！」
　「丸（カラーリング）のところがいいよ」
　「落とし穴に落ちたゾウに、鉄砲でパンってやる」
　「ぼくは剣でやっつける方がいいな」
　「年長さんが野外劇で使った手裏剣を使えば？」
　「落とし穴をつくるなら外だけど、リズム室じゃないとできないよ」
　子どもたちの会話から、新しいアイデアがどんどん出てきます。イメージが広がってきましたが、「ごっこあそび」的な要素が強くならないようにする必要がありそうです。

STEP 5　　　「動物村の運動会」完成！

　リズム室に行き、運動用具を並べます。平均台と運動棒の下にマットを敷くことで、前回の問

題は解決。ゾウの件は保育士の宿題になっていたので、子どもたちのイメージを壊さないように、また、運動あそびとしても「投げる」という経験ができるよう玉入れの籠を使い、画用紙で作った目、鼻、耳をつけることに決めました。

　リス・ネコ・ウサギ・キツネ・忍者のうちどの役になりたいか、個々に確認してからスタート。あそびながら方法について考えました。

●手裏剣は動物と忍者で一人ひとつずつ投げる。
●大きい落とし穴は長なわで作っておく。
●動物が先にスタートして、落とし穴にはまったら忍者を呼ぶ。忍者は落とし穴から動物を救出し手裏剣を渡し、みんなでゾウをやっつける。
●鼻の握手でゾウと仲直りして、長なわとびをしたらゴール。
●長椅子を用意して、自分の順番のとき以外は待機、友だちの応援をする。

　などの新ルールが加わって、動物村の運動会の完成です。今までの経験が随所に見られるあそびができあがり、どの子も心から楽しむことができました。

「動物村の運動会」を終えて

年中組担任：武田美帆子

　子どもたちの自由な話し合いのなかから、「動物村の運動会をしていると、動物が悪者のゾウに落とし穴に落とされてしまう。そこで味方の忍者を呼んで、みんなで手裏剣を使ってやっつける」という簡単なストーリーができ上がりました。運動会の野外劇の印象が強く残っているようです。

　このように子どもたちのなかに共通のイメージがあると、話し合いやお面づくりも集中して行うことができますし、実際にやってもどんどんノッてくるのがわかります。保育士にとっても、自発的に取り組めるような援助の大切さを痛感する貴重な体験となりました。

【年長児実践事例】
冒険島であそぼう！

運動会での野外劇を発展させ、楽しい冒険ごっこを子どもたちの力でつくりあげました。いろいろな運動用具をつかう運動にストーリー性を加え、それにふさわしい大道具・小道具を考え、みんなで協力して制作していきます。年長児の成長が感じられる、スケールの大きな運動あそびができあがりました。

STEP 1　冒険島って楽しいね

運動会の野外劇「ぼくらの大大大冒険」の感想を話し合うなかで、子どもたちから「本当に冒険に行ってない」「宝物をとりに行ってない」という意見が出ていました。そこで、『ヘリコプターごうの冒険』の絵本を読んでみました。読後、子どもたちが冒険に行ってみたいと言い出したので、保育士が運動用具を使って冒険島をつくることを提案。みんな大賛成、さっそくリズム室に出かけ、やってみることにしました。

保育士「跳び箱って何に似てるかな」
　子　「山！」
保育士「そうだね、山に似てるね。じゃあ、平均台はどう？」
　T　「橋！　下は川なんだよ。つなげればいいよ」
　Y　「なわとびは、ヘビにょろにょろにする！」
保育士「いろいろ使えるね。こんなのもあるよ」とカラートンネルや運動棒を示す。
　T　「それは、洞窟だよ」
　M　「棒のは、線路のやつみたいね」

いろいろなアイデアが出され、コース第1案ができあがりました。どの子も、何度もくり返して冒険を楽しんでいました。

STEP 2　ボール爆弾やりたい！

冒険島のイメージが予想以上にできているので、あそびをもっと楽しくするためのアイデアを

出し合ってみます。
　　　K　「はしご、使う！」（前回はなかった）
　　　S　「ボール爆弾やりたい」
　　　T　「当たるとドッカーンてなる。やり直してもいいんだよ」
　保育士「いいねえ。誰が転がすの？」
　　　子　「先生！」
　保育士「じゃあ、みんなでまた冒険島つくってみようか」
　子どもたちはそれぞれ置きたいものを持ち、友だちと協力して運びます。一部の子が段ボールのなかを探っています。
　保育士「何を探してるの？」
　　　子　「リスとかタヌキのお面。木とかの影に隠れてるみたいに置きたいの」
　フープのところではみんなで工夫してケンパをつくっています。洞窟のところでは「人が入ったら、ワッ！て脅かす」など盛り上がっています。
　コース第2案ができたところで、みんなでやってみました。「爆弾島がおもしろい」「海がおもしろい」「鬼のお面があったらいい」などの感想が出されました。

STEP 3　　いろんな道具をつくりたいな

　前回の感想を受け、鬼のお面を用意しました。「お友だちに鬼の顔を描いてもらったよ」と見せると、「籠（玉入れ）に貼ろう」ということになりました。
　他に楽しくなりそうなことはないか聞いてみると、
●木をつくりたい
●動物をつくりたい
●海を青くしたい
●洞窟を暗くしたい
などの意見が出ました。

STEP 4　　グループにわかれて工夫しよう

　「何かをつくりたい」という気持ちが生まれているので、グループをつくってすすめることにしました。このグループは実際にあそぶとき、各セクションの係も兼ねます。

【山グループ……4名】
　●運動用具

跳び箱、鉄棒
　●あそび方
　　　跳び越し、よじ登り、跳び降り、好きな技をやる。
　●用具やあそび方への工夫
　　　山は跳び箱を段ボールや牛乳パックで飾ってつくる。
　　　段ボールに絵を描き、木をつくって飾る。
　　　折り紙でトンボ、セミ、バッタをつくり、虫取りができるようにする。
　　　リス・サル・クマなどの動物をつくって飾る。

【爆弾島グループ……3名】
　●運動用具
　　　ボール
　●あそび方
　　　ボールに当たらないように逃げたり、当てようとボールを転がす。
　●用具やあそび方への工夫
　　　紙を丸めてボール状にし、棒をつけて爆弾にする。
　　　爆弾に当たるまで何回もやる。
　　　石や木も紙を丸めてつくる。
　　　段ボールに絵を描き、動物をつくって飾る。

【洞窟グループ……6名】
　●運動用具
　　　カラートンネル、運動棒
　●あそび方
　　　四本足になって歩く。バランスよく歩いたり、リズミカルにとぶ。
　●用具やあそび方への工夫
　　　暗くして、洞窟の雰囲気を出す。
　　　コウモリ、ネズミのお面を部屋のなかに貼る。ウサギは入り口に置く。
　　　石と木を新聞紙や段ボールでつくる。
　　　洞窟が終わったところで、「がんばったね」と何かあげることにする。

【滝・川グループ……4名】
　●運動用具
　　　平均台・すべり台・ケンパ

●あそび方
　　バランスよく歩いたり、リズミカルに跳ぶ。
●用具やあそび方への工夫
　　水色のビニールテープで川をつくる
　　折り紙や画用紙に絵を描くなどしてカエル、カメ、メダカをつくり、川に置く。
　　岩、石、砂がある→新聞紙を丸めたりちぎったりして、岩、石、砂をつくる。
　　新聞紙を丸めて灰色に塗った石を置いて、ケンパで跳んでいくようにする。

【海グループ……3名】
●運動用具
　　長なわ
●あそび方
　　大波小波をしてから、サメにあたらないようにリズム運動のワニで渡る。
●用具やあそび方への工夫
　　海の枠を段ボールでつくり、なかにブルーシートを敷く。
　　クラゲ、タコ、海ヘビ、貝、サメ、エビを紙、段ボールでつくる。
　　海ヘビはなわ跳びを揺らして、海ヘビにする。
　　段ボールでサメをつくり、みんなを脅かす。
　　段ボールをネズミ色に塗って、海草、岩をつくる。
　　なわで波をつくる。

【鬼・吊り橋グループ……2名】
●運動用具
　　玉入れの玉・はしご
●あそび方
　　的に向かって玉を投げる。腕・足の筋力を使い、バランスよく歩く。
●用具やあそび方への工夫
　　大きい紙に金棒を持った鬼の絵を描いてぶつける。
　　鬼の前に籠をつけ、玉を投げ入れる。
　　岩や草をつくって飾る。
　　段ボールでドアをつくり、その奥に鬼を立てることにする。
　　巧技台を使い、吊り橋にする。

STEP 5　　困ったことがいっぱい出てきたよ

　年長2クラス合同で3つの部屋と廊下を使って冒険島をやりました。あそんだ後で話し合いをしたところ、「洞窟のガムテープが髪の毛につく」「鬼の籠が遠くて入らない」「運動棒が動いて困った」「橋（平均台）から落ちて困る」など、いろいろ困ったことが出てきました。2クラス合同だと騒がしいので、各クラスに戻って話し合ったところ、「行くところがいっぱいで、よくわからない」という問題も出できました。
　　M　「地図を描けばいい」
　　H　「鉛筆で描こう」
　　Y　「ひとり一枚描こう」
　地図を描くということが子どもの話し合いのなかから出てきました。運動会の野外劇「ぼくらの大大大冒険」のイメージがあったためと思われます。

STEP 6　　グループにわかれてあそんでみよう

それぞれのグループにわかれて用意をし、あそんでみました。

> ●山グループでは、道案内をする子が出てきた。
> ●爆弾島では、ボールを転がして友だちに当てる役の子が生まれた。
> ●洞窟グループでは、運動棒が動かないようにガムテープで止めていた。
> ●滝・川グループでは、新聞紙を渡す子が出てきた。
> ●海グループでは、案内する子、サメを動かす子が出てきた。
> ●鬼・吊り橋グループでは、ボールを渡す子が出てきた。

など、前回話し合った問題点を改善したり、あそびをさらに発展させたりする姿が見られました。

STEP 7　　冒険島の地図をつくろう

保育士「この前、Tくんが『行くところがいっぱいで、よくわからない』って言ったよね。どうしたらいいかな？」
　　R　「道案内する」
　　H　「地図見ればいい」
保育士「ここが何をするところか、わかるかな？」
　　K　「爆弾島とか書いておく」
　　H　「絵も描くといいね」
　　N　「看板をつくったらいい」

結局、ひとり1枚ずつ自分の地図をつくることになり、好きな色画用紙を使って地図づくりが始まりました。どの子も、思い思いの冒険島の絵を描いています。なかには番号をつけたり、シールを貼っている子もいます。冒険島のようすが思い出せない子には、保育士が側について言葉をかけながらすすめました。

STEP 8　　宝の地図を持って冒険に出かけよう

宝の地図を持って冒険に行くことを話し、どう持っていくか子どもと相談しました。「首にぶら下げると、引っかかって危ない」という意見が出て、手に持つことにしましたが、鉄棒のときどうするのかという疑問の声も。結局、鉄棒では地図を案内する人に預けて、そこでシールも貼

ってもらうことに決まり、それぞれあそんでみることにしました。
　あそんだ後、地図を持っていってどうだったか、シールを貼ってどうだったか聞いてみたところ、つぎのような意見が出されました。

●シール貼りがひとりでたいへんだった。いっぱいきて込んでしまった。
●途中で地図を置き忘れた。
●洞窟が終わってから取りに行かないといけない。

　　R　「いっぱいやってから、シールを貼ったらどう？」
保育士　「いっぱいって、一周ってことかな？」
　　R　「そう、一周やってシール」
　　H　「ゴールのところに地図を置いといて、最後に貼る」
　　T　「シールを宝にすればいい！」
最後に素晴らしい意見が出て、ストーリーとしてもまとまりのあるあそびができあがりました。

「冒険島であそぼう！」を終えて
年長組担任：穂苅和美　宮坂淳子

　約1カ月であそびをつくりあげた子どもたちの意欲に保育士はただただ驚くばかり。仕掛けも大がかりでしたが、みんなで力を合わせてつくることができました。どんなあそびでも、子どもと一緒に考えていくことはとても大切です。自分たちで考えたあそびだからこそ、心から楽しめるのだと思います。
　運動用具で何度もあそんできたので、安全な用具の使い方を心得ており、危険はまったくありませんでした。これからもこのあそびを続けますが、子どもたちの柔軟な発想はどんどん冒険島を発展させていくことでしょう。

●あとがき

　昨年の5月、下諏訪町の第二保育園で園児たちに運動プログラムを実施しようと遊戯室に移動していた際、白髪の紳士が園舎の外から窓越しに子どもの様子を窺っていました。
　このかたが、「子ども学」を提唱している小児科医の小林登先生であると、その後直ぐに分りました。小林先生といえば、国立小児病院名誉院長で日本赤ちゃん学会の理事長でもあり、長野県豊科町に「子ども病院」を設立された方で、学際的に子どもの研究を長年行なっておられ子どもの研究では日本で第一人者のかたです。現在は、ベネッセコーポレーションの研究所である、ＣＲＮ（Child Research Net）の所長で、この日は東京から、私の運動プログラムの実践を見学に来ていただく約束になっておりました。
　その後、数回の打ち合わせが終わり、今年の1月にベネッセ東京本部においてＣＲＮ主催で、「保育の質を考える」というテーマで実践保育研修会を行ない、午前中は小林先生と一緒に講演をさせていただき、午後に「柳沢運動プログラム」の実技講習を行いました。私としては身に余る光栄で、今でも当時のことを思い出すと緊張します。25年間かけた成果が、このような形で発表できたことは、今までの人生で最良の日となりました。ＣＲＮ研究員の所真里子さんには、打合せなど何度も長野まで来ていただきました。本当にありがとうございます。（このときの内容はＣＲＮウェブサイトに掲載中。http://www.crn.or.jp）
　今回の「柳沢運動プログラム」のデータは、日本体育学会第36回大会〜第42回大会まで7回連続で口頭発表したものが基本となっています。この発表に際し、信州大学の古澤栄一教授、小嶋政信教授には多大なるご指導をいただきました。更に、現在の共同研究者である、信州大学寺沢宏次助教授、諏訪東京理科大学篠原菊紀助

教授のお二人には、公私に渡りお世話になりました。1998年に「日中子どもの体学術調査団」を結成して、「大脳活動の型」の研究を手伝ったのをきっかけに、「動的な活動の復活」をキーワードに私の研究が実現しました。お二人がおられなければこの本はできなかったと思います。

　幼児教育の現場として、1980年から現在まで快く子どもたちと遊ばせてくれた松本市内、やよい保育園の大久保千菊先生、感謝しております。下諏訪町第二保育園の久保田光枝園長、望月町望月保育園の林まゆみ園長には、私の考えを理解していただき全面的な研究協力をお願いでき本当に恵まれていました。ありがとうございます。

　本来ですと、この本はもう少し早い出版の予定でしたが、昨年から講演依頼が多くなり私の原稿がなかなか進まず、オフィスエムの寺島純子さん、笠井幸子さんには大変ご迷惑をお掛けしました。私自身のんびりしていた訳ではないのですが…。申し訳なく思っています。

　最後に、長年子ども達と実践してきたプログラムがこのような形として、出版までこぎつけた現在、本当にたくさんの方々にお力をお借りしました。この場をお借りしましてお礼を申し上げます。21世紀に入り、ますます子どもの心とからだがおかしくなってきている今、この運動プログラムにより日本の子どもが自ら進んでからだを動かすことに興味を持ってもらえることを願い、すべての子どもが目を輝かせた生活を送れる時代が来ることを信じ、あとがきに代えさせていただきます。

　みなさん、ありがとうございました。

2002年8月　　柳　沢　秋　孝

● 参考・引用文献

01) ポルトマン・高木正孝：人間はどこまで動物か：岩波書店．1964
02) 間藤侑・加藤忠之：図説幼児の体育指導：日本文化科学社．1970
03) 小林登：ヒューマンサイエンス．第１巻．ミクロコスモスへの挑戦：中山書店．1984
04) 調枝孝治：体育の科学：体育の科学社．1985
05) 松田治広・柳澤秋孝・他：日本体育・スポーツ教育体系第五巻、体操競技：教育出版センター．1994
06) 柳澤秋孝：５才児における縄とび指導について：松本短期大学研究紀要第１号．1984
07) 柳澤秋孝：跳び箱運動における系統的な指導案に関する実験的研究：松本短期大学研究紀要第２号．1986
08) 柳澤秋孝：年長児に対する効果的な鉄棒指導の研究：松本短期大学研究紀要第３号．1988
09) 柳澤秋孝：年長児の鉄棒指導におけ効果的な導入法に関する研究：長野体育学研究第３号．1988
10) 柳澤秋孝：調整力向上のための身体運動についての研究：長野体育学研究第４号．1990
11) 柳澤秋孝：幼児のスポーツ科学研究：松本短期大学体育学研究室．1990
12) 柳澤秋孝：女性の健康と運動：現代教育社．1994
13) 柳澤秋孝：器械運動の技術習得と調整力の関係：長野体育学研究第５号．1992
14) 柳澤秋孝：幼児の調整力向上に及ぼす効果についての研究：日本体操競技研究会誌第２号．1994
15) 柳澤秋孝：調整力向上のための身体活動についての研究：松本短期大学研究紀要第４号．1994
16) 柳澤秋孝：Introduction to the study of childrens physical education in21stcentury. 松本短期大学研究紀要第４号．1996
17) Koji Terasawa．Osamitu Saijo．Akitaka Yanagisawa．Kikunori Shinohara．Ken-ichi Nemoto．Takeo Masaki．：Changes in cerebral activity in children-Japan 1969,1979,1998, and China1984-．：Proceedings of International Conference Phychophysiology in Ergonomics．1998
18) 澤口俊之：幼児教育と脳：文春新書．1999
19) 小林登：子ども学：日本評論社．1999
20) 寺沢宏次，西條修光，柳澤秋孝，篠原菊紀，根本賢一，正木健雄：GO/NO-GO実験による子どもの大脳発達パターンの調査-日本の'69,'79,'98と中国の子どもの'84の大脳活動の型ら-：生理人類学会誌第５巻２号．2000
21) 寺沢宏次．西條修光．柳澤秋孝,篠原菊紀,根本賢一,正木健雄：GO/NO-GO実験による日本の子どもの大脳活動の変化について,：文理シナジー学会誌第５巻１号．2000
22) 平野吉直．篠原菊紀．柳沢秋孝．寺沢宏次．根本賢一：長期キャンプ体験が大脳活動に与える影響：文部省委嘱事業「長坂町子ども長期自然体験村」報告書．2000
23) 正木健雄：子どものからだと心の危機：食べもの文化１０月号別冊．2000
24) 小林登：育つ育てるふれあいの子育て－胎児期からの子育て学－：風壽社．2000
25) 篠原菊紀．平野吉直．柳澤秋孝,田中好文．根本賢一．寺沢宏次．西條修光．正木健雄：身体活動とコミュニケーションを重視したキャンプ活動が子どもの前頭葉機能に与える影響と教育的提案の位置：文理シナジー学会誌第６巻１号．2001
26) 寺沢宏次．西條修光．柳澤秋孝．篠原菊紀．根本賢一．正木健雄：子どものGO/NO-GO課題と生活調査-日本の1998年と中国の1984年を比較して-：国立オリンピック記念青少年総合センター紀要．2001
27) K.Terasawa. O.Saijo. A.Yanagisawa. K.Shinohara. K.Nemoto. T.Masaki：GO/NO-GO experiment to study cerebral development patterns in Japanese and Chinese Children.-The comparison survey in Japan and China-：Nagano Journal of Physical Education and Sports. (in press)．2001
28) 柳澤秋孝：幼児期の運動が前頭葉を活性化．食べもの通信９月NO367：家庭栄養研究会．2001
29) 寺沢宏次：子どもの脳に生きる力を：オフィスエム．2001
30) 篠原菊紀：僕らはみんなキレている：オフィスエム．2001
31) 篠原菊紀：僕らはみんなハマってる：オフィスエム．2002

Tiisaitokiniwa yantyabozu…Sora tobu Yanagisawa Akitaka.

「生きる力」を育む 幼児のための
柳沢運動プログラム
〈基本編〉

2002年8月2日　　第1刷　発行
2016年4月27日　　第11刷　発行

著　　者　　柳沢秋孝
© 2002　AKITAKA　YANAGISAWA　Printed in Japan

発行人　　寺島純子
発行所　　オフィス エム

〒380-0821　長野市上千歳町1137-2 アイビーハウス 2F
TEL 026-219-2470　FAX 026-219-2472
【E-mail】info@o-emu.net
【URL】http://o-emu.net

編　　集　　笠井幸子
表紙デザイン　　中沢定幸
本文イラスト　　田之脇篤史
印刷・製本　　(株)ケーナール

ISBN978-4-900918-54-2　C3075
（旧10桁 4-900918-54-7）

乱丁・落丁本は、送料小社負担にてお取り替えいたします。
定価はカバーに表示してあります。

自然のフシギと出会う！ オフィスエムの 科学絵本シリーズ ●好評発売中

シリーズ最新刊

Little Green Bottom
おしりのはっぱ

作●井田秀行　絵●さくらい史門

ブナのはっぱ は おしりのはっぱ！

雪どけの春にざわめく生命の鼓動。
雨音はずむ新緑の森。
ブナの宝庫＝北信州発！いつもどこかでいのちが受け継がれている森のにぎわいを、リズミカルな言葉に乗せて子どもたちに伝える〝母なる森の物語〟

定価1300円＋税　A5判ヨコ開き　上製本　32ページ　英訳付
ISBN978-4-904570-92-0

シリーズ第1弾

ちょうちょのりりぃ
オオルリシジミのおはなし

作　江田慧子
絵　さくらい史門

まぼろしのチョウ、オオルリシジミを知っていますか。小さな命〝りりぃ〟のものがたり。

A5判　32ページ
定価　本体1,200円＋税
ISBN978-4-904570-39-5

シリーズ第2弾

ゆきんこのたび
ゆきにかかれたおはなし

作　鈴木啓助
絵　さくらい史門

雪のヒミツ、見〜つけた！
雪に書かれた〝天からのメッセージ〟を読み解き、科学の楽しさに出会う〝ゆきんこ〟の絵本！

A5判　32ページ
定価　本体1,200円＋税
ISBN978-4-904570-62-3

抱腹絶倒の子育てマンガエッセイ！

実録！感動居編。

ながはりさん家の子育て事情
ながはり朱実

大好評2刷出来！

妊娠・出産・子育て。「どこにでもある普通の家族の、少しだけ波乱に満ちた日常」がぎゅっとつまったリアル家族マンガ。

**朝日新聞〈長野版〉で好評連載！
待望の単行本化！**

A5判ヨコ開き　112ページ
定価　本体1,200円＋税
ISBN978-4-904570-40-1

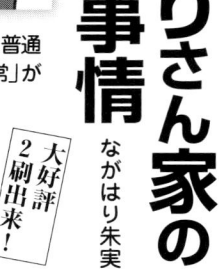

子どもの気持ちを理解したいすべて大人へ

「こども時間」を届ける 臨床道化師（クリニクラウン）

瞬間を生きるこどもたち　塚原成幸
日本クリニクラウン協会 編

出会いと遊び……
入院生活を送る子どもの成長と笑顔を育む臨床道化師＝クリニクラウン。その本質を伝える一冊。

医療・福祉・教育関係者、育児中のママ、そして子どもの気持ちを理解したすべての方に贈ります。

A5判　176ページ
定価　本体1,500円＋税
ISBN978-4-904570-28-9

ご注文は　eMü オフィスエム　　最新情報もネットからどうぞ⇒ http://o-emu.net

〒380-0821 長野市上千歳町1137-2 アイビーハウス2F　TEL.026-219-2470　FAX.026-219-2472
※書店でご注文いただく際は「地方・小出版流通センター取扱の本」とお申し付け下さい。